New Wun Ching Developmental Publishing Co., Ltd.

New Age · New Choice · The Best Selected Educational Publications — NEW WCDP

健康體適能
與促進

張耿介

－編著－

PHYSICAL
FITNESS
AND
HEALTH RPOMOTION

SECOND EDITION

推薦序
RECOMMENDATION

　　我六年前結識耿介，時任「屏東教育大學」校長，他任教於大仁科技大學，在一場聚會中巧合相遇，方知我們就讀同一所高中，我是學長也是朋友，彼此有緣。耿老師是體育人，陽光健碩又帶著豐厚的人文底蘊，總是散發出「柔」與「力」，我心想這不正是體適能的最佳代言人嗎？耿介完成大作之際，即邀請本人為其寫序，實倍感榮焉，相信這本書必能深受喜愛，讀後受用無窮。

　　作者對於「健康體適能與促進」的鑽研，向來嚴謹且踏實，學理的研讀與資料的蒐集皆能顧及深度與廣度，輔以符合現代人需求與世界潮流的「Wellness」全人健康概念，更試圖將完整的健康意義與健康促進的知識推展與擴延；此外，作者本身更是知行合一的實踐者，本書內容的動作演示，皆為作者本人。

　　本書共分十章，內容涵蓋健康體適能的意義、健康體適能的理論與訓練實務、運動與營養、老人體適能以及抗氧化與自由基等。將健康體適能的專業知識與生活結合，同時也將前端行為的健康促進觀念導入，此書不僅可供學子於課堂上學習之用，亦可為吾人投入健康促進的工具書，實為張君淬礪之作！

　　金風徐來，秋意漸濃，耿介既為舊識且有學長、弟同校之誼；此逢「健康體適能與促進」付梓之際，誠樂為之序！

客家委員會主任委員　劉慶中　謹識

二版序
PREFACE

　　五年半過去了，佈著風霜滿臉，似也躲不開爆炸新知的襲捲！

　　這些日子以來，無論在學理或是在實務上，健康體適能的成長，正以一股勢不可擋的勁道，遍地開花，結實纍纍；校園中及社會上正迷漫著諸多有關體適能的新鮮氣息，且逐漸形成一種普世的時尚風潮。復以無國界的網路通訊，即時的新知更替，更讓健康體適能學習與實作的內涵，儼然成為體育運動領域的主軸。

　　欣迎本書再版的通知，即著力於資料的蒐羅與匯整；擬以最新的內容灌注，作為新書的滋長養分；例如衛福部的最新統計資料、體育署的運動指導員手冊、國健署的飲食建議等。同時，因應高齡社會的所需，關於銀髮族體適能檢測、肌少症、長照系統與代謝疾病等相關議題的討論，亦是不可或缺的新增材料。

　　時值新冠肺炎(COVID-19)肆虐全球之際，舉國抗疫的成就深獲肯定；自體免疫能力的提升，不失為對抗病毒的積極性要件，而健康體適能促進作為邁向全人健康(wellness)的基石，其重要性與地位實不容小覷。

　　企盼吾人秉著健康體適能理論的支持，投入實務的操作，成功達臻全人健康的境界，一同建立一個健康活力幸福的社會。

張耿介 於鳳山

張耿介

▌ 學 歷

國立體育大學（林口）碩士

國立高雄師範大學成人教育究所博士生

▌ 專長經歷

健身體適能教練（中華全民運動健康管理協會）

銀髮族功能性體適能檢測員（中華民國有氧體能運動協會）

體適能指導員（中華民國體育學會）

銀髮族功能性體適能檢測員證照考官（中華民國有氧體能運動協會）

重量訓練教練（中華全民運動健康管理協會）

健康諮詢指導士（臺灣健康諮詢學會）

中級國民體適能指導員（教育部體育署）

目 錄

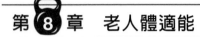

第 8 章　老人體適能

第 9 章　運動與營養

第 10 章　自由基與抗氧化

第 **1** 章

體適能的意義與內涵

Physical Fitness and
Health Promotion

　　體適能(physical fitness)與全人健康(wellness)的概念，是目前廣受醫學、教育及社會各界大眾所關注的焦點，大家不難從媒體各式報導中發現它的存在以及廣受大眾討論的程度。但健康除需要全方位的控管外，同時也還需要有良好的認知、態度與方法，才能讓我們在日常的實踐中掌握重要的原則與有效的方式，並使身體、心理、精神、社交與專業等層面皆能不斷的提升，進而維持在理想的狀況，這是提升生活品質與開發個人潛能的基礎條件。

　　基本上，體適能是全人健康的一部分，提升的方法是透過健康的生活方式與規律適度的運動來增加身體的活動量。一個人若能夠規律運動且享受運動的過程並因而擁有良好體適能，必然會提升全人健康的各個層面。但因全人健康涉及的層面較為廣泛，除需利用運動保健提升體適能外，仍需融入其他相關健康課題的知能與理念並在生活中力行實踐，方能達成全面有效的健康促進。

　　因此，藉由規律的運動習慣改善或保持良好的體適能，將能進一步維護個人整體的健康，這是健康促進領域中最新、最重要的一環。根據美國健康體育休閒舞蹈學會(AAHPERD)對體適能的定義，認為具備良好適能的人，應具備以下六項條件：

1. 配合遺傳的適度器官健康與應用現代醫學知識的能力。

2. 足夠的協調、體力與活力以應付突發事件與日常生活。

3. 團體意識與適應團體生活的能力。

4. 充分的知識和瞭解以決定面臨的問題及可行的解決辦法。

5. 參加全面的日常活動應有的態度、價值觀與技巧。

6. 有利於民主社會的精神和道德特質。

　　綜合上述，我們可以發現擁有良好的體適能對於吾人的生命及生活將產生莫大的助益，換言之，透過體適能的教育與認知，再輔以正確的體適能訓練即是促進全人健康的不二法門；是故，對於體適能的改善與訓練將是今後各級學校、社會各界與全體國人勢應努力的目標。

 **第一節　體適能的意義**

　　根據教育部體適能網站所訂定對於體適能的定義為：

　　體適能(physical fitness)可視為身體適應生活、運動與環境（例如溫度、氣候變化或病毒等因素）的綜合能力。體適能較好的人在日常生活或工作中從事體力性活動或運動時，皆有較佳的活力及適應能力，不會輕易產生疲勞或力不從心的感覺。在科技進步的文明社會中，人類身體活動的機會越來越少，熱量攝取越來越高，工作與生活壓力和休閒時間相對增加，每個人更加感受到良好體適能和規律運動的重要性。

　　另有其他專家學者亦對體適能提出相關的見解，大致列舉如下：

　　Corbin (1970)認為體適能包含「與健康有關的體適能」(health-related physical fitness)及「與技巧有關的體適能」(skill-related physical fitness)兩類；意即將體適能元素依其特性分類，一為與健康關聯性高者，另一乃是與競賽技能與技巧關聯性較高。

Lamb (1984)係以運動生理的觀點認為健康體能是促使目前及未來生活挑戰得以成功的能力。健康體能的發展,是身體為活動所做的準備,且其發展的目標會因個別需求的差異而有所不同。

CARL J. CASPERSEN 等(1985)將體適能定義為「一種可以活力與靈敏地應付日常生活任務的能力,不會有過度的疲勞且仍有充裕的活力以享受休閒時光與緊急應變能力。」

卓俊辰(1986)認為體適能就是人的心臟、血管、肺臟及肌肉組織等都能發揮相當有效的機能,有效機能代表的就是能勝任日常工作,有餘力享受休閒娛樂生活,又可應付突發緊急情況的身體能力。

方進隆(1997)則指出體適能是指一種人體多面向的身體特質與身體活動、健康狀況有關的能力,包括:心肺功能、肌肉適能、柔軟度、速度等各種不同的能力。運動、體適能與健康三者彼此間皆有正相關;體適能好的人,通常健康狀況較佳,且運動量也會較大;健康狀況好的人,體適能也會比較好,運動量亦會較大。

1996 年 U.S. Department of Health and Human Services 的報告「Physical Activity and Health: A Report of the Surgeon General」表示,體適能的意義為精力充沛和警覺地完成每天的工作,而且亦不會因此而感到過度疲累;還會有餘力去享受休閒活動和應付突然發生的事情。根據此報告中指出體適能的元素包括了有:心肺耐力(cardio-respiratory endurance)、肌肉耐力(skeletal muscular endurance)、肌肉力量(skeletal muscular strength)、肌肉爆發力(skeletal muscular power)、速度(speed)、柔軟度(flexibility)、靈敏度(agility)、平衡力(balance)、反應時間(reaction time)及身體成分(body composition)(此段原文為:*A generally accepted approach is to define physical fitness as the ability to carry out daily tasks with vigor and alertness, without undue fatigue, and with ample energy to enjoy leisure-time pursuits and to meet unforeseen emergencies. Physical fitness thus includes cardio-respiratory endurance, skeletal muscular endurance, skeletal muscular strength, skeletal muscular power, speed, flexibility, agility, balance, reaction time, and body composition.*）。

　　全民運動處(2010)的解釋則為：體適能(physical fitness)係指身體具備某種程度的能力，足以安全而有效地應付日常生活中身體所承受的衝擊和負荷，免於過度疲勞並有體力享受休閒及娛樂活動的能力。體能依性質和需要的不同，可分為健康體能和運動體能；健康體能和運動體能並非毫無交集，其實健康體能是運動體能的基礎，運動體能是健康體能的延伸，兩者相輔相成，關係密切。

　　綜上所述，國內外學者專家對於體適能的見解雖然出發點與立場稍異但是所提出的論點與組成元素的內容大致相同。筆者歸納整理如下：

1. 體適能係指身體具備某種程度的條件與能力，足以安全而效率地應付日常生活中身體面對環境與狀況所帶來的衝擊與負荷；可以免於導致疲勞且仍有餘力享受休閒及娛樂活動。

2. 體適能依性質和需要的不同，可分為健康性體適能(health-related physical fitness)和技巧性體適能(skill-related physical fitness)；健康體適能是指與健康有密切關係的心臟、血管系統、肌肉組織、身體組成等條件；技巧性體適能則是指身體從事和運動或競技比賽有關的身體能力，除了可以強化運動表現，也可以更有效率地執行日常活動及享受運動與比賽的樂趣。

3. 體適能的組成元素（含健康性與技巧性）涵蓋了心肺耐力、肌肉耐力、肌肉力量、柔軟度、身體組成、肌肉爆發力、速度、靈敏度、平衡力、反應時間、協調性等。

動動腦時間

1. 美國健康體育休閒舞蹈學會(AAHPERD)對體適能的定義，認為具備良好適能的人，應具備哪六項條件？
   答

2. Corbin (1970)認為體適能包含「＿＿＿＿＿＿＿＿＿＿＿＿＿」及「＿＿＿＿＿＿＿＿＿＿＿＿＿＿」兩類；前者與身體健康狀況相關，後者則是多為與技巧性相關。

3. 根據 1996 年 U.S. Department of Health and Human Services 的報告中指出體適能的元素應包括？（任選三項填寫即可）
   答

4. 根據教育部體適能網站所訂定對於體適能的定義為？（簡述即可）
   答

5. 體適能是＿＿＿＿＿的一部分，提升的方法是透過健康的生活方式與規律適度的運動來增加身體的活動量。

 **第二節　體適能的組成元素**

　　體適能依性質和需要的不同，可分為健康性體適能 (health-related physical fitness) 和技巧性體適能 (skill-related physical fitness)；健康體適能是指與健康有密切關係的心血管系統、肌肉組織、身體組成等條件；技巧性體適能則是指從事和運動訓練或競技比賽有關的身體能力。兩者所蘊涵的內容各自不同，所組成的元素與特性亦有差異，本節則就其各組成元素的性質與差異予以論析。

一、健康性體適能的組成元素

　　這類元素與身體健康相關程度較高，更是我們積極投入各階層努力的目標；計有心肺耐力、肌耐力、肌力、柔軟度、身體組成；其中我們把肌力與肌耐力合稱為肌肉適能。

（一）心肺耐力(Cardio-Respiratory Endurance)

　　又稱為心肺適能，依教育部體育署的解釋，心肺適能也可以稱為心肺耐力，是指個人的肺臟與心臟，從空氣中攜帶氧氣，並將氧氣輸送到組織細胞加以使用的能力。因此心肺適能可以說是個人的心臟、肺臟、血管、與組織細胞有氧能力的指標。提升心肺適能，可以使我們運動持續較久且不至於很快疲倦，也可以使我們平日工作時間更久、更有效率。運動生理學家及醫學研究一致認為心肺耐力是體適能評量的最重要指標。

（二）肌肉適能(Muscular Fitness)

　　肌肉適能的重要性應為保持良好的肌力和肌耐力，對促進健康、預防傷害與提高工作效率有很大的幫助；當肌力和肌耐力衰退時，肌肉本身往往無法勝任日常活動及緊張的工作負荷，容易產生肌肉疲勞及疼痛的現象。

　　教育部體育署提到增進肌肉適能最佳的途徑是從事肌力訓練，也就是一般大家熟知的重量訓練。肌肉力量和肌肉耐力不足，便難以勝任較大的工作負荷，亦容易產生肌肉疲勞和疼痛的現象，甚至會形成各種慢性的骨骼肌肉系統創傷。

1. 肌力(Muscular Strength)

　　肌肉或肌群單次產生最大之力；或指肌肉在一次收縮過程中所能產生的最大力量，通常是以肌肉群一次收縮能克服的最大阻力(1-RM)作指標；例如舉重。

2. 肌耐力(Muscular Endurance)

　　指肌肉維持在使用某種程度的肌力時，肌肉本身能持續用力的時間或反覆收縮的次數；是指肌肉反覆收縮或持續用力的表現，亦可表述為肌肉在非最大負荷下，持續反覆收縮的能力；例如仰臥起坐。

（三）柔軟度(Flexibility)

　　柔軟度是指身體做出任何屈、轉、彎、扭的動作，卻可不使姿勢遭到破壞的能力，也代表著人體各關節所能伸展與活動的最大範圍，柔軟度基本上可分為靜態與動態的。靜態柔軟度指的是關節的可活動範圍，受制於肌肉與肌腱的延展性；然而關節在活動範圍中伸展的力矩或阻力的比例即為動態的柔軟度。適當的柔軟度可讓軀

幹或肢體在做彎曲、伸展、扭轉等動作時皆能輕鬆自如，肌肉關節也較不會因用力而受傷。若擁有良好的柔軟度，可使我們運動時更有效率，也較能避免運動傷害的發生。

（四）身體組成(Body Composition)

　　身體組成指的是體脂肪所占的百分比，即身體所含脂肪量與總體重的比率，是人體健康指標中很重要的一項參考數據。身體是由骨骼、肌肉、脂肪及其他組織所構成，所謂「身體組成」則是指各組織占全身的比例。其中，脂肪對於健康的影響越來越受到重視，因為脂肪的堆積造成身體的肥胖，從而導致諸多代謝症候群(metabolic syndrome)的生成，例如腦血管疾病、心臟病、糖尿病、高血壓等，而且肥胖對心理亦會造成不良的影響。

二、技巧性體適能的組成元素

　　瞬發力、速度、敏捷性、平衡力、反應時間、協調性等。

（一）瞬發力(Muscular Power or Explosive Strength)

　　瞬發力又稱爆發力，係指身體在最短的時間內所能產生力量(force)的一種能力；簡單說，就是在最短的時間內發揮最大的力量。它包含兩個要素即速度和肌力，一般將其公式定義為「瞬發力」＝「肌力」 × 「速度」，也就是 P＝F × V。

（二）速度(Speed)

　　Speed ＝ Length of Path / Time Interval，意謂速度等於距離除以時間；速度的定義為全身或身體的任一部位透過空間從一位置移動至另一位置快慢的能力，換句話說，也就是單位時間位移的變化

量，位移的距離越長，速度越快，為許多競技運動中攸關勝負的重要因素之一。

（三）敏捷性(Agility)

所謂的敏捷性(agility)就是指在動作上加速和往後、垂直、橫向等方向轉變的反應能力（林彥廷、麥財振，2009），亦即身體或身體某部位迅速移動，並快速改變方向的能力。敏捷性的展現，通常都是在極短的時間內完成，因此影響敏捷性的因素種類繁多。換言之，敏捷性是身體迅速移動位置和快速改變方向的能力，因此構成敏捷性能力的主要因素，應該包含肌力、反應時間、瞬發力、動作速度、動作協調性等（王順正，2000）。

（四）平衡力(Balance)

平衡力和人耳深處的半規管有關，當人們旋轉時，會引起半規管裡的內淋巴液流動，從而刺激神經細胞，產生神經衝動傳至大腦，大腦又發出命令給有關的肌肉群，通過收縮，或放鬆，維持身體平衡。平衡能力可區分為靜態平衡(static balance)與動態平衡(dynamic balance)兩大類，靜態平衡，指人體維持一固定動作的能力，亦即無運動也無轉動，如維持單腳站立之能力（林寶城等，2008）；而保持運動中的姿勢或是從不平衡中恢復到平衡的能力則是動態平衡。

（五）反應時間(Reaction Time)

反應是對於刺激或信號產生回應動作時間的快慢。但是，刺激出現的模式與回應動作的複雜性，也會影響反應時間（林正常，1998），也就是說反應時間是指有機體接受刺激後，從刺激出現到動

作開始所需的時間，它是一種神經肌肉整合作用的速度表現(Sage, 1995)。

（六）協調性(Coordination)

　　協調性指身體作用肌群之時機正確、動作方向及速度恰當，平衡穩定且有韻律性（林輝雄，1990）。身體的協調能力，代表人體不同部位協同配合完成身體活動的能力，是肌肉神經系統、時間感覺、空間感覺、以及環境觀察與適應調整能力的綜合表現。

三、兩類體適能的差異性

　　綜上所述，健康性體適能是一般人為了促進身心健康、預防各種疾病、增進工作效率、提升生活品質等目的所需的體能，技巧性體適能則是運動員參加運動競賽時所需的體能，除了需具備健康體能外，比較強調運動競賽所需身體適能的最佳表現，還包括敏捷、協調、平衡、速度、反應、瞬發等六種不同特質的身體能力所組成（全民運動處，2010）。因此，兩類體適能之間有其價值與差異性的存在，簡要討論如下：

（一）健康的相關性

　　技巧性體適能的組成元素多與運動訓練與競技相關，例如百米賽跑需要的速度與瞬發力的展現；棒球選手的協調性、敏捷性與反應時間的運用等。對於健康的影響不大，相關性亦不高。相對地，健康性體適能的組成元素則與健康相關程度高，本書將在後敘文中探討。

（二）訓練的影響

　　技巧性體適能如速度、瞬發力、反應時間等元素；經由訓練後進步的空間有限，例如百米跑、跳高、體操動作等，速度、瞬發力、協調性、反應時間等元素在此則受到限制，即使訓練之後其進步的空間亦不甚明顯。反之，肌肉適能、柔軟度與身體組成等元素，經由適當的運動處方訓練後，其改善與進步的程度卻很高；例如坐姿體前彎、仰臥起坐與體重的控制等，經由訓練可以得到顯著的進步成果。

（三）衰退的速度

　　速度、瞬發力、反應時間、敏捷性等技巧性體適能元素，衰退的速度比起肌肉適能、柔軟度、心肺適能與身體組成等元素，來得既早也比較快速。以身體活動為例，到了中年後既跑不快也跳不高，卻仍然可以舉起相當重量的槓鈴，也可以繼續維持良好的柔軟度從事瑜伽(yoga)動作。

　　綜上所述，我們瞭解健康性體適能的重要性，也清楚兩類體適能元素的差異性後。基於促進健康的立場，學習健康體適能的處方並投入訓練，應是吾人必須努力的方向。

動動腦時間

6. 健康體適能是指與健康有密切關係的_____、_____、
_____、_____等條件

7. 心肺適能可以說是個人的_____、_____、_____、與
_____的指標。

8. 瞬發力又稱_____，係指身體在最短的時間內所能產生力量
(force)的一種能力。

9. 承上題，瞬發力的公式為？（中英文皆需填寫）
答

10. 脂肪的堆積造成身體的肥胖，從而導致諸多代謝症候群
(metabolic syndrome)的生成，例如哪些？（任選兩項填寫即
可）
答

 單元活動

1. 分組探討體適能的定義與各體適能元素在身體活動中所扮演的角色。

2. 舉例說明技巧性體適能元素與健康的相關性。

3. 舉例說明健康性體適能元素與健康的相關性。

4. 比較技巧性與健康性體適能元素的特性與差異性。

課後複習

( )1. 下列何者非體適能組成元素？　(A)心肺適能　(B)肌肉適能 (C)柔軟度　(D)協調性。

( )2. 技巧性體適能包括　(A)速度　(B)肌耐力　(C)身體組成 (D)以上皆是。

( )3. 健康性體適能包括　(A)心肺適能　(B)平衡感　(C)爆發力 (D)以上皆是。

( )4. 與心肺適能有關的身體系統為　(A)內分泌系統　(B)循環系 統　(C)消化系統　(D)以上皆非。

( )5. 肌肉力量和肌肉耐力不足時　(A)難以勝任較大的工作負荷 (B)易形成一種慢性的骨骼肌肉系統創傷　(C)容易產生肌肉 疲勞和疼痛　(D)以上皆是。

( )6. 身體組成指的是　(A)血壓值　(B)空腹血糖值　(C)骨質密 度　(D)體脂率。

( )7. 技巧性體適能的特性有　(A)受遺傳影響很少　(B)後天訓練 進步空間很大　(C)衰退速度比較快　(D)以上皆是。

( )8. 健康性體適能的特性有　(A)受遺傳影響很大　(B)後天訓練 進步空間很小　(C)衰退速度比較慢　(D)以上皆是。

⊕解答：

1.D　　2.A　　3.A　　4.B　　5.D　　6.D　　7.C　　8.C

參考文獻

王敏男(2008)・*體適能教學*・臺北市：五南。

吳克君、林晉榮(2011)・身體肥胖指數與健康體適能相關之研究・*2011 年國際體育運動與健康休閒發展趨勢研討會專刊*，980-984。

李水碧(2012)・*體適能與全人健康的理論與實務*・新北市：藝軒圖書。

李水碧等(2012)・*體適能評估與運動處方*・臺北市：禾楓書局。

李勝雄(2001)・*體適能教學－策略與應用*・臺北市：五南。

林貴福、盧淑雲(2008)・*運動保健與體適能*・新北市：冠學。

邱文成(2010)・體適能緣起及概念發展趨勢・*2010 年第三屆運動科學暨休閒遊憩管理學術研討會論文集*，280-289。

柳家琪等(2013)・*終身體適能教育：最佳體適能方案教師指引*・臺北市：禾楓書局。

許樹淵(2009)・*卓越體適能*・臺北市：師大書苑。

陳定雄等(2000)・*健康體適能*・臺中市：華格那。

曾仁志、吳柏叡(2013)・*體適能：全人健康*・新北市：全威圖書。

廖本民(2006)・健康體適能概念及測驗評量辦法探討・*通識教育學報第九期*，145-154。

1. (1)配合遺傳的適度器官健康與應用現代醫學知識的能力；(2)足夠的協調、體力與活力以應付突發事件與日常生活；(3)團體意識與適應團體生活的能力；(4)充分的知識和瞭解以決定面臨的問題及可行的解決辦法；(5)參加全面的日常活動應有的態度、價值觀與技巧；(6)有利於民主社會的精神和道德特質。

2. (1)與健康有關的體適能；(2)與技巧有關的體適能。

3. 心肺耐力、肌肉耐力、肌肉力量、肌肉爆發力、速度、柔軟度、靈敏度、平衡力、反應時間及身體成分（有寫到其中三項即算正確）。

4. 體適能(physical fitness)可視為身體適應生活、運動與環境（例如溫度、氣候變化或病毒等因素）的綜合能力。

5. 全人健康。

6. (1)心臟；(2)血管系統；(3)肌肉組織；(4)身體組成。

7. (1)心臟；(2)肺臟；(3)血管；(4)組織細胞有氧能力。

8. 爆發力。

9. 「瞬發力」＝「肌力」×「速度」、P＝F×V。

10. 腦血管疾病、心臟病、糖尿病、高血壓（有寫到其中兩項即算正確）。

MEMO

Physical Fitness and
Health Promotion

第 **2** 章

健康性體適能與全人健康

Physical Fitness and
Health Promotion

　　擁有良好的健康性體適能，即是擁有了良好功能的心臟、血管、肺臟及肌肉組織等，既能勝任日常的工作及生活的負擔，亦可享受休閒娛樂，甚至能應付突發狀況的緊急事故，對延緩老化亦有其作用，進一步更能享受較佳的生命品質。經由身體活動、體能活動與訓練之後，擁有較佳的健康性體適能，一般認為即能在生理上降低體脂肪、增加肌肉質量、預防肥胖、降低罹患糖尿病的危險、預防心臟疾病、改善下背痛及預防骨質疏鬆等；另外其在於提高生活品質、強化心靈健康、抒解壓力及節省醫療支出亦有其貢獻。

　　隨著生活水準的提高，過去人們認為身體沒有病痛就是健康的狹義健康觀念，已逐漸被全人健康(wellness)的觀念所取代。全人健康觀念的擴展對於增進民眾的幸福具有深遠的意義，不但增廣了人們對生命意義的解讀，也提升了生活的品質。世界衛生組織(WHO)在 1948 年中所提出的：「健康是一種生理、心理及社會達到完全安適的狀態，不僅只是沒有疾病或身體虛弱」*(Health is a state of complete physical, mental and social well-being and not merely the absence of disease or infirmity.)*；由此可見，若擁有健康幾乎即是達到人生完美的境界。

　　因此，藉由規律的運動習慣改善或保持良好的健康性體適能，將能進一步益於個人整體健康的維護，值得重視的是，健康性體適能是發展全人健康(wellness)的首要因素，它除了是全人健康的根基，也是國民在追求全方位健康時不可或缺的一環。健康性體適能即成為全人健康的基石。遂本章除探討全人健康的意義及其與健康性體適能的關係外，另也就健康性體適能組成元素的價值與重要性逐一探討。

◐─◑ 圖 2-1　健康才是人生的完美境界

第一節　全人健康的意義與內涵

　　科技與知識的提升，再加上對於生活品質要求的提高，昔日的健康觀念已逐漸被更新的「全人健康」(wellness)觀念所取代，全人健康的要求不僅拓展了人們的生命意義也提升了生活品質；為了達到一個高度的水平，人會為自身安全在各種情況下作出最佳醫療保健、藥物食品與體適能活動的選擇，而成為一種「主動」的健康發展模式（廖焜福等，2011）。

一、Ewles & Simnett (1985)

　　從不同層面的角度來探討健康，提出健康的整體概念(a holistic concept of health)，將健康的意義具體描述成：

1. 身體的健康(Physical Health)

指身體的（即為生理的）功能健康，沒有疾病或殘障，身體與生理上具有充足的能力足以應付日常生活所需。

2. 心理的健康(Mental Health)

有能力做出清楚且有條理的思考。

3. 情緒的健康(Emotional Health)

有能力認知情緒（如喜、怒、哀、樂等），並能表達與處理情緒，例如處理壓力、沮喪及焦慮等問題。

4. 社會的健康(Social Health)

有能力創造及維持與他人互動的關係。

5. 精神的健康(Spiritual Health)

指個人的行為信條或原則，及獲得內心的平靜；靈性的健康是個人的行為信念或行為的原則，是一種達到心靈平靜的狀態。

6. 社團的健康(Societal Health)

指健康的生活圈，生活在健康的環境中。

二、美國健康教育體育休閒舞蹈學會

根據適能的觀點對健康提出了完整的概念，

認為健康是由五種不同內容的安適度(well-being)所構成；分別為：

1. 身體適能(Physical Fitness)。

2. 情緒適能(Emotional Fitness)。

3. 社會適能(Social Fitness)。

4. 精神適能(Spiritual Fitness)。

5. 文化適能(Cultural Fitness)。

三、美國國家全人健康研究中心

National Wellness Institute (NWI)的 Dr. Bill Hettler (1976)則提出六個面向的健康概念（圖 2-2）；同時把全人健康的概念定義成：「全人健康是人們經由意識覺察與制定選擇；朝向更成功生存的一種動態過程」*(Wellness is an active process through which people become aware of, and make choices toward, a more successful existence.)*。

至於健康的六面向則分別為：

1. 職場的面向(Occupational Dimension)

意指可以藉由工作獲得個人的滿足與豐富生命。

2. 身體的面向(Physical Dimension)

滿足日常身體活動所需，學習飲食與營養且杜絕菸害與藥物，啟發良好的身體發展。

3. 社會的面向(Social Dimension)

有助於自己的生活環境與社區，強調他人與自然的互信依賴。

4. 知識的面向(Intellectual Dimension)

強調個人的心理層面的刺激與創造，分享他人並展現自己潛在的知識與技術。

5. 精神的面向(Spiritual Dimension)

　　探索人類存在的意義與目的，並包含了存在宇宙中的生命與自然力量的深度與廣度的深層感動。

6. 情緒的面向(Emotional Dimension)

　　意指對於一個人感覺的認知與接受，情緒的健康應包含有一個人能夠正向且熱情地對待自己及生命。

圖 2-2　NWI 六面向的全人健康概念圖

資料來源：　Hettler, B. (1976). *Six Dimensions of Wellness Model.* Retrieved From http://c.ymcdn.com/sites/www.nationalwellness.org /resource/resmgr/docs/sixdimensionsfactsheet.pdf

♥ 四、加州大學河濱分校健康中心
(University of California, Riverside)

提出七個面向的看法（圖 2-3），同時認為「全人健康不僅只是身體健康、運動與營養即可，還必須是生理、心理與精神達臻圓滿妥適的狀態；依此七個向度的內容啟動且彼此和諧互動，進而提升我們的生活品質」(*Wellness is much more than merely physical health, exercise or nutrition. It is the full integration of states of physical, mental, and spiritual well-being. Each of these seven dimensions act and interact ina way that contributes to our own quality of life.*)。

其內容為：

1. 社會的(Social)

意指與所在世界中跟他人關聯與連繫的能力；能夠做到建構與維持自己與家人、友人及工作伙伴的正向關係。

2. 情緒的(Emotional)

具備的能力可以瞭解我們本身與解決生命帶來的挑戰；同時足以認可且分享我們多元情緒中的生氣、恐懼、悲傷、壓力、希望、愛、歡愉與幸福。

3. 精神的(Spiritual)

是一種建構和平與和諧的能力，發展出價值與行動的一致性與共通目的使之結合。

4. 環境的(Environmental)

認知自身對於生活環境中空氣品質、水源與土地的責任。

5. 職場的(Occupational)

從工作與職涯領域中獲取個人滿足感的能力，同時取得工作與生活間的平衡。

6. 知識的(Intellectual)

開拓新知與經驗作為應用於個人決策、群體互動與社區改善的一種能力。

7. 身體的(Physical)

維持健康的生活品質並允許身體可以透過每日經常性的活動且不致產生不適的疲勞與生理壓力。

圖 2-3 UCR 七面向的全人健康概念圖

資料來源： University of California, Riverside. (n.d.). *Seven Dimensions of Wellness*. Retrieved from http://wellness.ucr.edu/seven_dimensions.html

五、澳洲國家健康研究中心 (The National Wellness Institute of Australia, NWIA)

基於 Dr. Bill Hettler 的理論觀點另提出九向度的健康概念，分別為：

1. 環境的(Environmental)。

2. 職業的(Occupational)。

3. 知識的(Intellectual)。

4. 情緒的(Emotional)。

5. 財務的(Financial)。

6. 身體的(Physical)。

7. 精神的(Spiritual)。

8. 文化的(Cultural)。

9. 社會的(Social)。

六、我國教育部體育署

對於全人健康所展現的概念，則是以 Hoeger G. Hoeger (1994)所提出的十二個要素為原則：

1. 健康體能。

2. 不吸菸。

3. 安全。

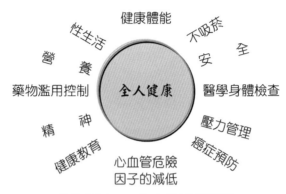

🏋 圖 2-4　全人健康的範疇

資料來源：　教育部體育署（2013，12 月 18 日）．*國民體適能介紹*．取自
　　　　　　http://www.sa.gov.tw/wSite/ct?xItem=3497&ctNode=318&mp=11

4. 醫學身體檢查。

5. 壓力管理。

6. 癌症預防。

7. 心血管危險因子的減低。

8. 健康教育。

9. 精神。

10. 藥物濫用控制。

11. 營養。

12. 性生活。

　　綜上所述，不難發現對於健康概念以及全人健康的要求已逐步
被擴展至許多不同的層面；過往單純以不倦、不疲、不病、不痛即
視為健康的觀點已經被棄置，取而代之的是更加積極與主動追求健

康的觀念，並且需涵蓋人類生活的諸多領域及面向。

　　國內外學者為企圖能完整描繪人類健康的全貌，皆試著提出許多大同小異的看法、觀點、見解；也因此勾勒出許多種關於健康不同面向的內容。

　　本節擬將其匯整如下：

1. 全人健康的意義

　　它是一個不斷朝著提高生命與生活品質為目的的動態過程，並藉由與身、心、靈、社會、文化、教育及經濟的融合，達至一種全然妥適的狀態。

2. 全人健康的範圍

　　舉凡經由與人類個體會產生交互作用而造成影響的所有層面皆能被涵蓋；例如身體的、心理的、精神的、情緒的、社會的、文化的、知識的、生活環境的、工作職場的、財務狀況的皆被包含在內。

3. 全人健康的要素

　　組成要素應包含健康體能、不吸菸、安全、醫學身體檢查、壓力管理、癌症預防、心血管危險因子的減低、健康教育、精神、藥物濫用控制、營養、性生活、藝術與文化、經濟條件穩定、環保意識（圖 2-4）。

動動腦時間

1. 世界衛生組織(WHO)在 1948 年中對健康提出怎麼樣的闡述？

   答

2. 為了達到一個高度的水平，人會為自身安全在各種情況下作出最佳_____、_____與_____活動的選擇。

3. 美國健康教育體育休閒舞蹈學會認為健康是由五種不同內容的安適度(well-being)所構成，請問是哪五種？（填寫中文即可）

   答

4. 全人健康的要素有哪些？（任選三個填寫即可）

   答

5. 全人健康是人們經由_____與_____；朝向更成功生存的一種_____過程。

第二節　健康性體適能的重要性與價值

　　前文提及健康性體適能對於人類的貢獻存在於許多方面，涵蓋了生理、心理、社會、經濟等層面。諸多專家學者與學術機關團體均就其專業提出可供吾人參考的觀點或見解，大致如下。

一、衛生福利部提出健康體適能的兩項好處

1. 對個人而言

　　可提升個人對自我體適能狀況及適當運動重要性的認知，進而培養規律運動的習慣，以促進個人的健康體適能，提高生活品質，並減少因缺乏運動而產生之退化性或慢性疾病的發生，延長健康的壽命。

2. 對社會而言

　　可有效提升全民身體活動量，以促進國民健康體適能狀況，節省醫療支出，減少中高年齡人口對社會及家庭的負擔，進而提升國家競爭力。

二、教育部體育署體適能網站所示

　　健康性體適能對學生的重要性可歸納為下列幾點：

1. 有充足的體力來適應日常工作、生活或讀書

　　學生平常讀書、上課的精神專注程度和效率皆與體適能有關，尤其是有氧（心肺）適能，一般而言，有氧適能較好的人，腦部獲取氧的能力也相對較佳，看書的持久性和注意力也會較佳。

2. 促進健康和發育

　　體適能較好的人，健康狀況較佳，比較不會生病；擁有良好體適能，身體運動能力亦會較好。身體活動能力較強或較多，對學生身心的成長或發展都有正面的幫助。

3. 有助於各方面的均衡發展

　　身體、心理、情緒、智力、精神、社交等狀況皆相互影響，有健康的身體或良好的體適能，對各方面的發展皆有直接或間接的正面影響。目前教育趨勢強調全面的均衡發展，對於正在發育的學童，更不能忽略體適能的重要性。

4. 提供歡樂活潑的生活方式

　　教育要讓學童有足夠的時間和機會去學習和體驗互助合作、公平競爭和團隊精神等寶貴的經驗，從運動和活動中享受歡樂活潑、有生機的生活方式，進而提升體適能。

5. 養成良好的健康生活方式和習慣

　　學生時期對於飲食、生活作息、注意環境衛生和壓力處理行為習慣，能有良好的認知、經驗和態度，對於將來養成良好的生活方式有深遠的影響。

三、高雄應用科技大學體適能中心

　　擁有健康體適能的價值如下：

1. 強化心臟血管機能、防治冠心病。
2. 降低血中低密度膽固醇含量，防治動脈硬化。
3. 防治高血壓、低血壓。
4. 強化呼吸器官功能。

5. 不容易疲勞，能擁有較充沛的體力和活力。

6. 修飾身材，使體態優美勻稱。

7. 控制體重、預防肥胖。

8. 強化肌肉機能。

9. 防治骨質疏鬆。

10. 增強抵抗力，不易感冒。

11. 使內分泌運作正常。

12. 防治失眠。

13. 可減少體脂肪，達到健康減肥。

14. 增強自信心，協助壓力管理。

15. 增加生活、工作及休閒能力。

綜上所述，我們不難發現健康性體適能確實對於人類生活的品質與生命的價值做出頗為豐碩的貢獻，尤其是呈現在生理健康與強化上的意義，更是不容小覷；本節將分別就四大健康性體適能的價值予以探究。

（一）良好心肺適能的價值

心肺適能也可以稱為心肺耐力，是指個人的肺臟與心臟從空氣中攜帶氧氣，並將氧氣輸送到組織細胞加以使用的能力。是個人的心臟、肺臟、血管、與組織細胞有氧能力的指標。

1. 改善血液成分

心肺適能好的人，血液中的血紅素(hemoglobin)含量較多，血紅素能與氧氣結合成氧合血紅素，將氧氣運輸至各組織，是故有利於氧的輸送，使得身體對於氧氣的使用能力提升。此外，也可增加血中高密度脂蛋白與低密度脂蛋白之比值(HDL/LDL ratio)；低密度脂

蛋白(low density lipoprotein, LDL)攜帶血中 60~70%的膽固醇，主要是將膽固醇由肝臟帶到周邊組織。低密度脂蛋白－膽固醇過高所引起的高膽固醇血症是冠狀動脈硬化和心臟疾病的危險因子，所以低密度脂蛋白－膽固醇被稱為「壞」的膽固醇。血中 20~30%的膽固醇由高密度脂蛋白(high density lipoprotein, HDL)運送。主要是將周邊組織的膽固醇帶回肝臟代謝。高密度脂蛋白－膽固醇越高，罹患冠狀動脈心臟疾病之機率越低，所以高密度脂蛋白－膽固醇被稱為「好」的膽固醇，可減少心血管病的罹患率。

2. 改善血管的內徑與血管彈性

　　心肺適能的增強有助於血管內徑的增大與血管彈性的增強，有利於血管彈性和口徑，微血管分布較密，亦有利於血液的供應（卓俊辰，1996）。提升心肺適能，也會激活血管壁細胞作用，驅動膽固醇的逆運轉，幫助清除血管壁當中過多的膽固醇，保持血管暢通及彈性，相對地降低腦中風、動脈硬化、心血管疾病的發生風險。

3. 增強心肌

　　心臟是橫紋肌，經由運動的刺激，可以變得較強而有力。所以，心肺適能好的人，心臟的尺寸以及收縮力量(size and power)會增大，在健康上有益（張宏亮，2011）。在長期規律體能活動後，會增進左心室的厚度，其收縮力量也會增強，末梢微血管密度增加，並減低末梢的血流阻力，且有利於血液循環作用；安靜時心跳率降低，每跳心輸出量增加，並增大動靜脈血含氧差，使氧氣供應更有效率。

4. 強化呼吸系統

　　心肺適能好，肺呼吸量大，呼吸的潮氣容積變大，有助於肺部的擴張，減少肺泡萎縮的比例，肺泡與微血管間進行氣體的交換效率較高。

5. 有氧能量的供應較為充裕

　　日常生活中，較輕微但時間長的身體活動，需仰賴有氧能量系統供應能源，有氧能量系統的運作與心肺適能關係密切。因此，心肺適能好，日常生活及工作較不易疲倦，腦細胞更具活力，工作及讀書更有效率，並減低肥胖機率。

6. 減少心血管循環系統疾病

　　由於心臟、血管以及血液成分都因心肺適能的改善而好轉。因此，有助於減緩心血管循環系統機能退化性疾病的威脅。即使不幸發生此類疾病，心肺適能好的人，其存活率較高，復健情形也較佳（卓俊辰，1996）。

（二）良好肌肉適能的價值

　　肌肉適能的重要性應為保持良好的肌力和肌耐力，可促進健康、預防傷害與提高工作效率。適當的肌力可以使肌肉變得比較結實而有張力，避免肌肉萎縮或鬆弛。而且肌力、耐力好的人，比一般人在應付同樣的負荷時會較省力，也更耐久。尤其肌肉適能良好的人，他的肌肉及關節也受到較好的保護，除能減緩運動傷害外，對提升身體的運動能力也有很大的功用。

1. 肌肉適能好，身體的動作效率較佳；肌力、肌耐力較好，使肌肉在應付同樣的負荷時比較省力，也較耐久。

2. 因為肌力的運動訓練可以防止肌肉流失，有助維持比較勻稱的身材(physical appearance)，故外型較健美。

3. 強化肌腱、韌帶等的張力，增進骨質密度(stronger tendons and ligaments and bones)。

4. 好的肌肉適能是維持好的身體姿勢(posture)的基本條件。

5. 肌肉適能好，肌肉、關節等部位有較好的保護，有減緩受傷的防護功效；尤其是運動員，是避免運動傷害的重要因素。

6. 降低體脂肪、降低血壓、及降低對胰島素阻力(insulin resistance)的效果。加州大學洛杉磯分校的 Arun S. Karlamangla 博士發現，肌肉質量增加，促進葡萄糖的吸收率；同時骨骼肌率（肌肉質量與總體重比例）每增加 10%，胰島素抗性降低 11%；對改善第二型糖尿病具極佳的助益。

7. 腹部和背部的肌肉適能不佳與下背痛(lower back pain)的形成有密切關係。尤其是腹部肌力、肌耐力不好，骨盆即無法被懸吊在正常的位置而有前傾的情形，進一步會迫使下背部位的腰椎過度前彎，可能壓迫脊髓神經，造成疼痛。

8. 肌肉適能好有助於提升身體運動能力，不僅對於運動選手重要，一般人在以運動為重要休閒活動方式時具備基本的身體運動能力，才會比較能夠享受在運動時的成就感與樂趣。

9. 預防肌少症(sarcopenia)帶來的危困，肌肉質量與力量對防止老化所造成的衰弱相當重要，對生活中的風險（如跌倒）可產生較好的對應能力，同時降低死亡風險率。

（三）良好柔軟度的價值

擁有良好的柔軟度，有助於身體關節不容易僵硬，利於身體的活動與靈活性，肌肉關節較不會因用力而受傷。此外，也可達到放鬆肌肉、緩解下背、肩頸痠痛的效果，亦可免於在突發與激烈強大的動作發生時，造成肌肉拉傷，同時也有助於預防運動傷害。

1. 柔軟度好的人，身體動作比較美(graceful movement)、身體活動表現得也更年輕（卓俊辰，1996）。

2. 利用伸展運動可以改善關節柔軟性，常被推薦於矯形外科疾病(orthopedic problem)的治療與復健（卓俊辰，1996）。

3. 利用伸展運動來配合肌力訓練，減少因為肌力訓練後身體柔軟度的降低；通常若在激烈運動的前後實施，可以幫助減輕肌肉的痠痛。

4. 在物理醫學及復健醫學的臨床研究上顯示，良好的柔軟度對於舒解女性生理期疼痛（柯曼妮，2003），一般的神經緊張以及下背疼痛等，皆有其功效。

5. 好的柔軟度有助於減少運動傷害的發生或減低其傷害程度，因為肌肉的延展性較佳，關節活動的範圍較大，在用力較猛的運動狀況下，比較不會有扭傷、拉傷及撕裂傷的危險。

6. 柔軟性好有助於提升運動能力(athletic performance)，如跨欄選手的髖骨需要關節柔軟性好；游泳選手的肩關節和踝關節柔軟性有助於划水和腿打水的效率；西洋劍選手的腿後肌(hamstrings)延展性要好，才可能跨大步出擊。針對運動員來講，柔軟性好對絕大多數項目的演出都有幫助（卓俊辰，1996）。

（四）良好身體組成的重要性

　　無論是注重外表或是為了身體健康，體重控制已然是全民關注的焦點；前文提及體重過重與肥胖者，意即身體組成的情況屬於體脂肪比率過高，容易引發如糖尿病、高血壓、動脈硬化及心肌梗塞等疾病。是故，有著良好的身體組成比例（即較理想的體脂肪百分比），可擁有較佳的身體狀態與生活品質。

1. 肥胖是懶惰與疾病的象徵,所以若為擁有好的身體組成者,除身形較佳、形象較好外,在人際關係與社會互動上也會較具自信。

2. 肥胖者易喘、易累、身體活動較緩慢與低效率,反之,若為擁有好的身體組成者,除身體活動較為靈活,辦事效能也相對較高。

3. 體脂肪比率越高,罹患糖尿病、高血壓、動脈硬化、心肌梗塞等心血管疾病的機率越高;良好的身體組成讓人處在安全與健康的生活系統裡,擁有較佳的生活品質。

4. 身體組成不理想或體重過重者,身體承受機械性壓力較大,對於骨骼關節的受迫性亦大於一般人,較容易導致下背痛(low back pain)與膝部關節炎的發生(徐錦興等,2008)。

5. 良好身體組成表示體脂肪率較低,肌肉組織比率較高;尤其是骨骼肌率的提升,有利於提高基礎代謝率,更是有助於熱量的消耗,建構為不易胖體質。

6. 因著媒體效應與健康促進的宣導影響,肥胖者往往具備較為負面教育的評價;反之,理想的身體組成者擁有較正面教育評價的社會觀感。

四、當醫療與長照遇上了健康體適能

臺灣 65 歲以上人口比率於 107 年 3 月達 14%,正式邁入高齡社會,108 年 11 月更上升至 15.2%;推估至 115 年將超過 20%,邁入超高齡社會,亦即每 5 人就有 1 人為 65 歲以上老人;意即臺灣正面臨快速老化浪潮及全球非傳染性疾病(non-communicable diseases, NCD)的健康威脅。簡言之,我們極可能正逐步進入一個老病窮殘苦的社會狀態。依照衛福部提出從過去經驗及現況分析中得知,目前

健康促進政策面臨的問題與挑戰，包括：（一）國人老化速度快，國家發展委員會推估 8 年內我國由高齡社會成為超高齡社會。又老年人口中約有 2 成長者有潛在衰弱風險；（二）國人 NCD 死亡人數占前十大死因人數約 6 成，且每 4 分 58 秒就 1 人罹癌；（三）菸、飲食不均衡、身體不活動、肥胖等危害是造成 NCD 的要因。

根據衛福部統計資料顯示，我國 104 年全人口失能人數 75.5 萬人，預計民國 120 年將快速增加至 120 萬人，65 歲以上失能人口將達 95 萬人；推估國人一生中長照需求時間約 7.3 年（男性：6.4 年；女性：8.2 年）。健保署統計 65 歲以上老年人的醫療費月支出是一般人的 3.3 倍。根據臺北榮總高齡醫學中心的推估，全國輕度失能總人口數約 72 萬人，若全部申請足額的長照服務，就已破 400 億元；而國人一生中，長照需求的時間約 7.3 年，平均是 6~8 年，有 21%在 10 年以上。除了財政上的沉重壓力之外，對於社會各層面的成本負擔亦是相對升高。

芬蘭政府以「運動」做為高齡者達成「活躍老化」之主要活動，此舉被譽為世界上最成功的老化公共政策之一（張少熙、周學雯，2011；張少熙，2016），芬蘭與我國同為人口嚴重老化國家，亦可以此為鏡，藉由運動有效延長第三年齡時程，以運動強化健康，增強身體功能，提升生活品質，縮短第四年齡失能以及臥病在床時間。

Prevention is better than cure 稱「預防勝於治療」，說明了治療其實是遠離疾病的後端行為，而預防僅是消極的措施；反觀 Health promotion「健康促進」才是主動與積極的手段，才是正確有效的前端行為。健康促進含括身體、心理與社會面向，民眾須提升其健康知識、健康態度與健康行為，也就是投入時間、精力與金錢在這端兒上。而健康體適能則是健康促進行為的基石，經由正確有效的健康體適能培養與訓練，提升適能的優質條件，即掌握了健康促進的

完整基礎，將能達臻健康促進、遠離疾病的目標；此則降低醫療端的損耗與成本，另外即縮減末端長照的沉重負擔。「健康老化」不僅是人民的期待，也是整個國家社會須聚焦的新挑戰。吾人應秉持「健康促進優於醫療」(health promotion is better than medical treatment)與「健康促進省得長照」(health promotion saves long-term care)的精神，以打造「健康國家」的優質生活為願景，期望國人能「生得健康、老得慢、病得少、活得好」。

動動腦時間

6. 衛生福利部國民健康署提出健康體適能的兩個好處。（簡述即可）

答

7. 心肺適能也可以稱為＿＿＿＿＿＿＿，是指個人的＿＿＿＿與＿＿＿＿從空氣中攜帶氧氣，並將氧氣輸送到＿＿＿＿＿＿加以使用的能力。

8. ＿＿＿密度脂蛋白攜帶血中 60~70％的膽固醇；＿＿＿密度脂蛋白攜帶血中 20~30％的膽固醇。

9. 提升心肺適能，也會激活血管壁細胞作用，驅動膽固醇的逆運轉，幫助清除血管壁當中過多的膽固醇，保持血管暢通及彈性，相對地降低＿＿＿＿＿＿、＿＿＿＿＿＿＿＿、＿＿＿＿＿＿的發生風險。

10. 心肺適能好的人，心臟的尺寸意即＿＿＿＿＿＿會增大，在健康上有益（張宏亮，2011）。

單元活動

1. 研讀本章後，請提出對於健康的看法。

2. 分組提出健康的意義與所涵蓋的面向。

3. 分組設計一個健康意義架構圖。

4. 探討健康性體適能元素對於生理與心理的影響。

課後複習

( ) 1. 全人健康包括 (A)生理的健康 (B)社會的健康 (C)心理的健康 (D)以上皆是。

( ) 2. 全人健康的基石為 (A)醫學身體檢查 (B)營養 (C)健康體能 (D)不吸菸。

( ) 3. 良好心肺適能的價值包括 (A)血液中的血紅素含量較多 (B)骨質密度高 (C)爆發力強 (D)以上皆是。

( ) 4. 血管內徑的增大與血管彈性的增強是因未具備良好的 (A)肌肉適能 (B)柔軟度 (C)體脂率 (D)以上皆非。

( ) 5. 心肺適能提升後 (A)增加左心室的厚度，其收縮力量也會增強 (B)末梢微血管密度增加 (C)有利於血液循環作用 (D)以上皆是。

( ) 6. 良好肌肉適能可以 (A)強化肌腱、韌帶的張力 (B)保護關節 (C)增進骨質密度 (D)以上皆是。

( ) 7. 良好肌肉適能可以 (A)改善消化系統 (B)改善心血管病 (C)促進葡萄糖吸收 (D)以上皆是。

( ) 8. 造成 NCD 的要主要原因有 (A)吸菸 (B)肥胖 (C)缺乏運動 (D)以上皆是。

解答：

1.D　　2.C　　3.A　　4.D　　5.D　　6.D　　7.C　　8.D

參考文獻

Corbin, C. B., & Lindsey, R. (1994). *Concepts of physical fitness, with laboratories (8th ed.).* Dubuque, IA: Wm. C. Brown Communications Inc.

Fit to Be Well: Essential Concepts. (2007)。*基礎全人健康與體適能*（林正常、鄭景峰、吳柏翰譯）。新北市：藝軒圖書。（原著出版於 2005）

Hettler, B. (1976). *Six Dimensions of Wellness Model.* Retrieved From http://c.ymcdn.com/sites/www.nationalwellness.org/resource/resmgr/docs/sixdimensionsfactsheet.pdf

Principles and Labs for Fitness and Wellness, 7th edition. (2004)。*體適能與全人健康的理論與實務*（方進隆、李水碧譯）。新北市：藝軒圖書。（原著出版於 2003）

The university of Queensland (n.d.). *What is Wellness?* 。Retrieved from http://www.uq.edu.au/uqwellness/what-is-wellness

University of California, Riverside (n.d.). *Seven Dimensions of Wellness.* Retrieved from http://wellness.ucr.edu/seven_dimensions.html

行政院衛生署（2008，12 月）。*公共衛生年報*。取自 http://www.mohw.gov.tw/MOHW_Upload/doc/97％E5％B9％B4％E5％85％AC％E5％85％B1％E8％A1％9B％E7％94％9F％E5％B9％B4％E5％A0％B1_0042863000.pdf。

卓俊辰(1996)‧*運動與健康*‧新北市：空中大學。

林美玲(2011，12)‧瑜伽對青少女原發性痛經與幸福感之影響‧*臺大體育學報*，21，4-19。

邱垂弘(2007,05)‧運動行為與身體狀況對國小學童體適能影響之研究‧*輔仁大學體育學刊*，6，277-289。

徐錦興、曹德弘(2008)‧肥胖與體重過重對肌肉骨骼系統的影響及其對策‧*大專體育*，98，153-157。

高雄應用科技大學體適能中心（無日期）‧*健康體適能*‧取自 http://www.jazzfactory.com.tw/main_02.php?page=plan_03

國民健康局(2007)‧*中老年身心社會生活狀況長期追蹤調查*‧取自 http://www.bhp.doh.gov.tw

國民健康署（無日期）‧*認識健康體能*‧取自 http://obesity.hpa.gov.tw/web/content.aspx?NO=600&PAGE=1

國際厚生健康園區（2011，8 月 5 日）‧*增強肌肉質量能減少糖尿病風險*‧取自 http://www.24drs.com/webmd/chinese_t.asp?page=1&who=091e9c5e80877e43

張李淑女等(2013)‧*健康與生活：開創樂活幸福人生*‧新北市：新文京。

教育部體育署（2013，12 月 18 日）‧*國民體適能介紹*‧取自 http://www.sa.gov.tw/wSite/ct?xItem=3497&ctNode=318&mp=11

陳偉瑀、陳安妮(2013)．淺談體適能活動對女性經前症候群之影響．*運動與健康研究*，*3*(1)，57-67。

黃松元(1993)．*健康促進與健康教育－健康促進的概念及其在健康教學上的應用*．臺北市：師大書苑。

廖焜福、黃偉揚、蔡明學(2011)．全人健康生活實踐之探究．*教育與發展*，4，131-140。

鞠振艷(2010)．游泳運動在全民健身中的作用探析．*長春師範學院學報*，*29*(5)，72-74。

動動腦解答

1. 健康是一種生理、心理及社會達到完全安適的狀態，不僅只是沒有疾病或身體虛弱。

2. (1)醫療保健；(2)藥物食品；(3)體適能。

3. (1)身體適能；(2)情緒適能；(3)社會適能；(4)精神適能；(5)文化適能。

4. 健康體能、不吸菸、安全、醫學身體檢查、壓力管理、癌症預防、心血管危險因子的減低、健康教育、精神、藥物濫用控制、營養、性生活、藝術與文化、經濟條件穩定、環保意識（任選三項填寫即算正確）。

5. (1)意識覺察；(2)制定選擇；(3)動態。

6. (1) 對個人而言，可提升個人對自我體適能狀況及適當運動重要性的認知。

(2) 對社會而言，可有效提升全民身體活動量，以促進國民健康體適能狀況。

7. (1)心肺耐力；(2)肺臟；(3)心臟；(4)組織細胞。

8. (1)低；(2)高。

9. (1)腦中風；(2)動脈硬化；(3)心血管疾病。

10. 收縮力量。

第 **3** 章

心肺適能訓練的
理論與實務

Physical Fitness and
Health Promotion

　　談及心肺適能，通常會有許多相關或相近的名稱，例如可以稱為心肺功能(cardio-respiratory capacity)、心肺耐力(cardio-respiratory endurance)、心血管功能(cardio-vascular fitness)或有氧適能(aerobic fitness)等。心肺適能是很重要的體適能要素，因其與身體攝氧能力有關，尤其是呼吸、心臟、循環和肌肉等系統。心肺適能和健康促進、疾病預防、生活品質和工作效率等皆有密切關係（方進隆，1997）。

　　從健康的角度來看，擁有良好的心肺適能可以避免各種心血管疾病，因此心肺適能可說是健康體能的重要因素，也是體適能運動的重點。另外，一般來說，運動生理學家及醫學研究一致認為心肺耐力是體適能評量的最重要指標。

　　故本章將主要針對心肺適能增進及訓練相關的基礎學理與實際操作，予以編整；方便提供教者與學者在學習與實務上的運用。

第一節　心臟、血管、血液與循環

　　血液循環系統是血液在體內流動的通道網絡，分為心血管系統和淋巴系統兩部分；淋巴系統是屬於靜脈系統的輔助裝置。一般所說的循環系統指的是心血管系統；血液循環系統包括心臟和血管，心臟為推動血液循環的原動力，各種血管為血液循環所行經的路徑，而微血管則是血液與組織液間交換物質的場所。人體的循環系統主要由體循環和肺循環兩部分組成。

一、心　臟

　　心臟是肌肉性而中空的器官，主要由心肌構成，大約呈錐形或形似桃子；心臟供應動力以維持血液的循環，它驅動血液，其壓力足以使血液流注血管。

　　人的心臟如本人的拳頭，位於橫膈之上、兩肺之間而偏左，分有左心房、左心室、右心房、右心室四個腔。左、右心房之間和左、右心室之間均有間隔隔開，故互不相通，心房與心室之間有瓣膜，這些瓣膜使血液只能由心房流入心室，而不能倒流。在左心房與左心室之間的瓣膜稱之為二尖瓣（有的稱之為僧帽瓣），它只有二個瓣葉；在右心房與右心室之間稱之為三尖瓣，有三個瓣葉（圖 3-1）。

　　心臟的作用是推動血液流動，向器官、組織提供充足的血流量，以供應氧和各種營養物質，並帶走代謝的終產物（如二氧化碳、尿素和尿酸等），使細胞維持正常的代謝和功能。

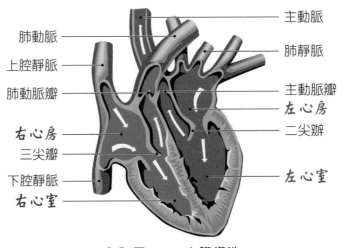

肺動脈
上腔靜脈
肺動脈瓣
右心房
三尖瓣
下腔靜脈
右心室
主動脈
肺靜脈
主動脈瓣
左心房
二尖瓣
左心室

圖 3-1　心臟構造

二、血　管

血管是運輸血液的管道；可藉由心臟有節律性的收縮及舒張，將血液推動在血管中按照一定的方向不停地循環流動，這稱為血液循環。連接心房的血管稱為靜脈，連接心室的血管則為動脈；在主動脈離心臟不遠處會有一血管分支，此分支即為冠狀動脈，可以供應心肌營養，如果冠狀動脈硬化或堵塞，則會引起心臟缺氧，造成狹心症、心肌梗塞。另外，微血管則是介於動脈和靜脈末梢之間的管道，幾乎分布於全身的各個器官，微血管管徑細小、管壁薄，通透性大，有利於血液和周圍組織細胞進行物質交換。

血液循環是機體生存最重要的生理機能之一；由於血液循環，血液的全部機能才得以實現，並隨時調整分配血量，以適應活動著的器官、組織的需要，從而保證了機體內環境的相對恆定和新陳代謝的正常進行。

三、血　液

人體的血液由血漿與血球構成，其中血漿約占血液的 55~60%，略呈淡黃色，其成分中約 90%是水，7~8%是血漿蛋白，其餘為養分、廢物或氣體等。血球則約占 40~45%；而血球又可分為紅血球、白血球和血小板，分別具有協助氣體運輸、防禦疾病和血液凝固等功能。

紅血球由骨髓製造完成，進入血液循環，血紅素能與氧氣結合成氧合血紅素，將氧氣運輸至各組織；但身體血液並非平均分配至所有血管，例如飯後大多數的血液會分布到消化器官內，而運動時血液則會湧向四肢，故飯後不宜立即進行激烈運動。

血液的重要功能有：

1. 運送各種物質

　　如氧氣、養分、荷爾蒙的運送，與二氧化碳、廢物的移除。

2. 保護作用

　　血液中含有許多抗體、白血球及血小板等；可消滅入侵的細菌、病毒，遇外傷時，血小板的凝固作用，可保護身體，以免失血過多死亡。

3. 調節平衡作用

　　血漿中有許多礦物質、水分、蛋白質，可調節體內酸鹼值。

四、體循環與肺循環

　　體循環（又稱為大循環）是心血管循環系統中，攜帶充氧血離開心臟，進入身體各部位進行氣體交換及運輸養分。體循環起始於左心室；血液從左心室搏出後進入主動脈，再分別匯入上肢與下肢大動脈，及其若干動脈分支，將血液送入相應的器官。動脈再經多次分支，管徑逐漸變細，血管數目逐漸增多，最終到達微血管，在此處通過細胞間液同組織細胞進行物質交換；血液中的氧和營養物質被組織吸收，而組織中的二氧化碳和其他代謝產物進入血液中，另一端臨接靜脈血。之後，靜脈管徑逐漸變粗，數目逐漸減少，直到最後所有靜脈均彙集到上腔靜脈和下腔靜脈，血液即由此回到右心房，從右心房再到右心室，從而完成了體循環過程。

（一）體循環路徑

　　左心室→主動脈→上、下腔大動脈→小動脈→微血管（氣體與物質交換）→（氣體與物質交換後變成靜脈血）→小靜脈→上、下腔靜脈→右心房。

　　肺循環（又稱為小循環）是心血管循環系統中，攜帶缺氧血離開心臟，進入肺部進行氣體交換後，將含氧血帶回心臟的部分。肺循環自右心室開始；靜脈血被右心室搏出，進入肺動脈後再分支為二的左肺動脈和右肺動脈送往左右肺，動脈繼續分支為小動脈及微血管，至肺部微血管進行氣體交換；肺泡中的氧氣分子會送至血液中，而缺氧血中的二氧化碳會送至肺泡中。接下來再將完成氣體交換的充氧血經由微血管聚集的小靜脈，小靜脈聚集為大靜脈回心臟，即為四條肺靜脈離開肺臟送回左心房。

（二）肺循環路徑

　　右心室→肺動脈→肺臟→肺部微血管（氣體交換）→（氣體交換後變成充氧血）→肺靜脈→左心房。

動動腦時間

1. 人體的循環系統主要由_____和_____兩部分組成。

2. 人體中，血漿約占血液的_____，略呈淡黃色，其成分中約_____是水，_____是血漿蛋白，血球則約占_____。

3. 血液的重要功能有幾項？並請依序寫下。

　　答

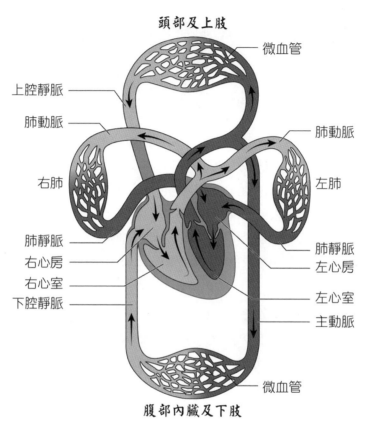

頭部及上肢

微血管

上腔靜脈

肺動脈

右肺

肺靜脈

右心房

右心室

下腔靜脈

肺動脈

左肺

肺靜脈

左心房

左心室

主動脈

微血管

腹部內臟及下肢

■ 含氧濃度較高的血液
□ 含二氧化碳濃度較高的血液

圖 3-2　血液循環路徑圖

第二節 心肺適能的運動處方

　　心肺適能主要代表的是人體氧氣供輸系統(oxygen supply system)的能力；一般而言，一個人的心肺適能，約從 16 歲起開始衰退，至 25 歲以後每年心肺功能約喪失 1%，而規律的運動則有助於降低心肺適能衰退的狀況（林正常，1997）。多數研究均指出，規律地從事運動，特別是有氧性的運動，如健走、慢跑、游泳、騎腳踏車等，都能明顯的降低成人安靜時的心跳率與血壓，可以加強肺部的換氣效率及增加參與呼吸肌肉群之效率、心臟血液輸出量、血液輸送氧氣的能力與氧氣利用之效率（卓俊辰，1998）。

　　Kenneth H. Cooper (1968)出版《有氧運動》一書，宣傳有氧運動預防疾病帶來健康的概念，「有氧運動之父」之美譽，因其擔任空軍軍醫時期，提出「有氧運動」(aerobics)名詞與概念，落實美國政府健康政策，擴展現代體適能運動。從事有氧運動時能量來自有氧代謝，也就是需要消耗大量的氧氣；有氧運動是改善心肺耐力的運動方式，是身體在氧氣供需足夠的情況下，以從事大肌肉、長時間且具有節奏性的運動為主（方進隆，1997）。

　　美國運動醫學會 American College of Sports Medicine (ACSM)原文為「*aerobic exercise as any activity that uses large muscle groups, can be maintained continuously, and is rhythmic in nature.*」；同時使得心臟與肺臟在超負荷的前提下，從事比平常休息時強度更強的身體活動(*It is a type of exercise that overloads the heart and lungs and causes them to work harder than at rest.*)。

一、處方的特性

心肺適能的訓練有其特殊性與要求，其訓練特色為以下幾點：

1. 大肌肉群為主的全身運動

運動時參與的肌肉越多越好；相反的，如果是局部性的小肌肉運動，容易引發局部疲勞，使運動中斷不能持久，氧氣消耗量便不足，對於心肺循環系統的刺激反而效果不佳。

2. 持續性的運動

時間可以任由運動者控制，用以調整持續進行運動的時間。

3. 具有節律性(Rhythmic)的運動

具有節律性的運動，運動強度比較容易控制穩定，如此才可能將運動強度維持在合適的運動強度範圍內，效果最好；反之，斷續性(stop-and-go)的運動，運動強度變化大，則不適用於此。

4. 運動強度可以根據個別能力修正的運動

由於個別能力的差異，每個人進行有氧運動時，都應採行其合適的強度，好的有氧運動應該可以由運動者以合理的強度去實施。

二、心肺適能運動處方

一般心肺適能運動處方包含了四個元素，因所訓練適能的要求不同，內容也隨著為之不同。

以下所示為心肺適能的運動處方：

（一）運動形式(Mode)

任何使用身體大肌肉群(large muscle groups)，可以長時間持續進行，且具有節律性與有氧型態(rhythmical and aerobic in nature)的身體活動；例如跑步、健走(brisk walking)、游泳、溜冰、騎腳踏車、划船、越野滑雪、跳繩等運動。

（二）運動強度(Intensity)

有關心肺適能的運動強度指標，通常以每分鐘心跳數為主。bpm (beats per minute)，稱之為「心跳率」。因應不同年齡給予該年齡當事者適當的心跳率，依此作為評量心肺適能訓練的運動強度。一般有兩種估算方式，舉例說明如下。

1. 最大心跳率(Maximum Heart Rate, MHR or HRmax)

計算方式為，以 220 減去個人年齡視為最大心跳率(MHR)；美國運動醫學學會(ACSM)建議從事有氧運動時，個人的目標心跳率(target heart rate, THR)範圍為最大心跳率的 60~90%。

ACSM Exercise Intensity Level：
(1) Light (35% to 54% of MHR)：輕微強度。
(2) Moderate (55% to 69% of MHR)：中等強度。
(3) Heavy (70% to 89% of MHR)：重強度。
(4) Very Heavy (≥ 90% of MHR)：極重強度。
(5) Maximal (100% of MHR)：最大強度。

> **範例 3-1**

　　外語系大三學生，今年 20 歲，試算出要增強他心肺適能的有效運動強度以及適宜的重強度運動心跳率分布範圍？

解答

　　MHR：$220-20=200$ bpm

　　有效運動強度：$200\times(60\text{~}90\%)=120\text{~}180$bpm

　　重強度：$200\times(70\text{~}89\%)=140\text{~}178$ bpm

　　故有效運動強度範圍是每分鐘心跳數 120~180 次

　　重強度運動則是每分鐘心跳數為 140~178 次

表 3-1　運動強度與心跳率指標

適能分級	狀態描述	最大心跳率百分比
低	平常少運動或不運動之缺乏訓練者	60%
尚可	從事低強度身體活動但未有規律運動計畫者	65%
進階	偶爾運動但未有極佳的訓練計畫者	75%
好	規律地從事中等到高等強度運動者	85%
極好	規律地從事高等強度運動者	90%

資料來源：　ACSM's Complete Guide to Fitness & Health. (n.d.). *Heart Rate Intensity Guidelines.* Retreived from http://www.humankinetics.com/excerpts/excerpts/aerobicworkoutcomponents-excerpt

2. 保留心跳率(Heart Rate Reserved, HRR)

或有稱之為「儲備心跳率」，意即為以最大心跳率 HRmax 減去安靜時心跳率 HRrest，即可得保留心跳率。計算方法乃是採 Karvonen formula，目標心跳率為：

（最大心跳率－休息時心跳率）×（運動強度範圍%）＋休息時心跳率

一般建議運動強度分布在 60~80%。

範例 3-2

同範例 3-1 之數據。（安靜時心跳率為 80bpm）

解答

MHR：220－20＝200 bpm

HRR：200－80＝120 bpm

有效運動強度：120×(60~80%)＋80＝152~176 bpm

有效運動強度範圍是每分鐘心跳數 152~176 次

3. 自覺運動強度(Rating of Perceived Exertion, RPE)

除了利用心跳率來評估運動強度之外，尚有簡易的運動自覺量表可供參考。它是由瑞典生理學家 Gunnar Borg 所發展出來的心理生理量表；這種量表是透過知覺上的努力程度判斷，整合肌肉骨骼系統、呼吸循環系統與中樞神經系統的身體活動訊息，用以分別判定個人身體活動狀況的知覺感受。它分成 15 等級（表 3-2），依自覺情形所衍生的感受依序為：毫無感覺、極度輕鬆、很輕鬆、輕鬆、有些辛苦、辛苦、很辛苦、極度辛苦、最大努力。

☝ 表 3-2　自覺運動強度量表

自覺運動強度	
6	毫無感覺
7	毫無感覺到極度輕鬆
8	極度輕鬆
9	很輕鬆
10	很輕鬆
11	輕鬆
12	輕鬆
13	有些辛苦
14	有些辛苦
15	辛苦
16	辛苦
17	很辛苦
18	很辛苦
19	極度辛苦
20	最大努力

資料來源： Sports Fitness Advisor. (n.d.). *Heart Rate Training: Finding the Right Zone for You.* Retreived from http://www.sport-fitness-advisor.com/heart-rate-training.html

（三）運動時間(Time)

運動時間必須達一特定範圍才能有效增進心肺適能，以適當的運動強度持續進行 20~60 分鐘。通常，持續時間需與運動強度配合，如果運動強度較弱，則持續時間就偏長些；相反的，運動強度若偏強，運動持續時間可以短些。但是，調整的範圍仍然必須介於指定的上下限之內。

（四）運動頻率(Frequency)

原則上，每兩天進行 1 次有氧運動。如以週為施作單位，則至少實施 3 次，例如每週的一、三、五或二、四、六規律實施。最多則是每天進行 1 次，但並不是絕對必要的，尤其必須慎防休息不足所引起的過度疲勞，或增加運動傷害的危險，通常一週約 3~5 次為宜。

美國運動醫學會(ACSM)最新給予成年人心肺訓練的建議，則有以下五點，特別羅列以供參考：

1. 成人每週必須中等強度運動至少 150 分鐘。

2. 也可以改訂為中等強度運動30~60分鐘（每週五天）或是高強度運動20~60分鐘（每週三天）。

3. 不管是一回長時間的運動，或者是多次短時間（至少需 10 分鐘）的運動累積，就每日的運動而言，都是可以接受的。

4. 為能持續運動與減低運動傷害，建議採取漸進式的增加運動時間、運動頻率與運動強度。

5. 常人倘若無法做到上述的最低標準，只要藉由身體活動，對健康仍然可以有所助益。

動動腦時間

4. 一個人的心肺適能，約從＿＿＿歲起開始衰退，至＿＿＿歲以後每年心肺功能約喪失＿＿＿％，而＿＿＿＿＿＿＿則有助於降低心肺適能衰退的狀況（林正常，1997）。

5. 保留心跳率(HRR)又可稱之為＿＿＿＿＿＿，意即為以＿＿＿＿減去＿＿＿＿＿＿，即可得保留心跳率。

6. 瑞典生理學家 Gunnar Borg 所發展出來的心理生理量表共分為幾個等級？並依自覺情形所衍生的感受依序為哪些？
   答

第三節　心肺適能訓練實務

　　改善心肺適能，運動本身必須達到適當的耗氧量，而且運動時間要夠長，才能有效刺激心肺循環系統，增強機能作用。因此，需要大量氧氣參與的有氧運動是為最適當的訓練模式。

　　從事有氧的運動可以增加心肌的收縮能力，有益於血管系統的暢通無阻和強化呼吸系統、改善血液成分、有氧能量的供應也較為充裕、而且可以減少血管循環系統的疾病。選擇適當的運動並達到合適的脈搏數，而且維持一段夠長的時間，都可以成為良好的有氧

運動，像健走、慢跑、游泳、固定式腳踏車、跳繩、有氧舞蹈等，都是非常好的有氧運動。

一、ACSM 運動前的安全評估

　　準備開始投入規律的身體活動或運動前，應正確地評估運動參與者的健康情況，也讓運動參與者能安全地活動是執行健康篩檢的重要目的。一般而言，主要的評估有以下幾大方向。

1. 運動前健康狀態評估，主要以「是」、「否」具備規律運動習慣為出發點，其次為有無已知疾病及有無疾病症狀的逐步篩檢，以判斷在運動前接受相關的專業醫療諮詢的必要。

2. 規律運動習慣，指的是過去 3 個月內，每週有至少三次中等強動且運動時間至少 30 分鐘的參與者。

3. 疾病所指的是心血管疾病（即心臟病、週邊血管疾病、腦血管疾病）、代謝疾病（即第 1、2 型糖尿病）、腎臟病。

4. 「有」、「無」症狀所指狀況與徵象則包括了：
   (1) 可能由於缺氧而引起的胸部、頸部、下巴、手臂或其他部位的疼痛、不適及其他缺氧現象。
   (2) 安靜時或略微出力時即呼吸急促。
   (3) 暈眩或昏厥。
   (4) 直體呼吸（坐直才能呼吸）或夜間陣發性呼吸困難。
   (5) 腳踝水腫。
   (6) 心悸或心跳快速。
   (7) 斷續的跛行現象。

(8) 確知有心雜音。

(9) 從事一般活動時感覺十分疲勞或呼吸急促。

二、ACSM 對粥樣化心血管疾病(CVD)危險因子判定

　　許多因素與 CVD 的形成有高度相關性，這些因素稱為「危險因子」。雖然有些危險因子（如家族史）無法藉由修正生活型態的方法改變，但其他危險因子（如高血壓、吸菸、膽固醇過高、及缺乏身體活動等）都是可以用健康的生活習慣加以改變的。這諸多影響因素依其對於心血管疾病危害的程度與相關概分為正與負兩類。

（一）正危險因子

1. 年齡：男性 ≥ 45 歲，女性 ≥ 55 歲。

2. 家族病史：父親或其他男性一等親（兄弟、兒子）在 < 55 歲發生心肌梗塞、冠狀動脈重建或猝死；或是母親或其他女性一等親（姊妹、女兒）在 < 65 歲發生上述情況。

3. 吸菸：目前吸菸，或是戒菸 ≤ 6 個月，或暴露於吸菸的環境中。

4. 坐式生活型態：≥ 3 個月未參加每週 ≥ 3 天，每天 ≥ 30 分鐘中等強度(40%~60%VO2R)的體力活動。

5. 肥胖：身體質量指數(BMI) ≥ 27 kg · m-2，或是男性腰圍 > 90 cm，女性 > 80 cm。

6. 高血壓：連續兩次血壓檢查結果收縮壓 ≥ 140 mmHg 或舒張壓≥ 90mmHg；或目前正在服用抗高血壓藥物。

7. 血脂異常：指 LDL-C ≥ 130 mg・dL-1(3.37 mM)，或高密度脂蛋白膽固醇(HDL-C)＜40 mg・dL-1(1.04 mM)，或目前正在服用降血脂藥物。若只測得總膽固醇，則標準是總膽固醇 ≥ 200 mg・dL-1(5.18mM)。

8. 糖尿病：空腹血糖(impaired fasting glucose, IFG) ≥126mg・dL-1(7.0 mM)；或口服葡萄糖耐受性試驗(oral glucose tolerance test, OGTT)≥ 200 mg・dL-1(11.1 mM)；或糖化血紅素(HbA$_{1C}$) ≥ 6.5%。

（二）負危險因子

高密度脂蛋白(HDL-C)≥ 60 mg/dL(1.55 mM)。

三、正確量取脈搏數

　　不論選取何項運動，首先必須要確定所從事的運動，在強度上可以保持穩定與平均，當持續運動到達預定的時間或距離的同時，應立即量取脈搏數；根據理論分析指出，運動強度高，耗氧量就越大，每分鐘的脈搏數也成正比增加。也就是說任何運動只要能連到合適的脈搏數，而且維持一段夠長的時間，都可以成為良好的有氧運動。

　　脈搏的測量時間可為 10 秒或 15 秒（如果超過 15 秒以上，脈搏的次數會因為運動強度減低與休息的恢復而減少，導致測量失準），之後再將所量的脈搏數乘上 6（量 10 秒者）或 4（量 15 秒者）。如此，即可測出運動時每分鐘的脈搏數，意即該運動的運動強度。例如測量 10 秒鐘所量的脈搏數是 25 次，乘上 6 以後，得出的數字是

150，此即該運動的運動強度（每分鐘脈搏數）。切記必須在運動結束的當下立即量取才會準確。

　　量取脈搏的方式與部位，一般而言大都以量取頸側動脈(carotid artery)部位（圖 3-3）或量取腕部動脈(brachial artery)部位（圖 3-4）；此二處是較常使用在量取運動脈搏數的簡易有效方式。

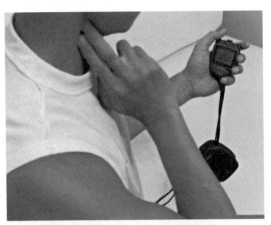

圖 3-3　頸部量取脈搏

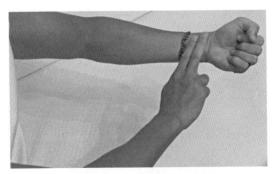

圖 3-4　腕部量取脈搏

四、各項有氧運動的特性與優、缺點比較

上述提及有關心肺適能的改善，應透過有氧運動的訓練將有顯著的效果。諸多有氧運動項目中實有其個別的特殊性與優缺點，乃就各項目之實質比較加以討論。

（一）游泳

游泳是一項全身大肌肉參與的運動項目，運動效果甚佳，造成運動傷害的機率也較低，實為理想的有氧運動。

1. 優點：參與運動的肌肉群多、運動傷害低、提升有氧能力效果佳。

2. 缺點：技巧難度較高、消費高、場地普遍性低、生理期影響。

（二）慢跑

在許多先進國家，慢跑為全民最普及的運動。分布年齡極廣，上自長青老人，下至學齡前兒童，參與率都相當高，是很受歡迎的有氧運動。

1. 優點：技巧難度低、低消費、場地取得容易、提升有氧能力效果佳。

2. 缺點：運動傷害（踝、膝）機率高、受天氣影響。

（三）有氧舞蹈

許多愛美人士把有氧舞蹈視為最佳減肥之道，有氧舞蹈課程內容不斷演變及改進，甚至將各個單項運動的特有動作融入有氧舞蹈中，不但豐富了從事有氧舞蹈運動者，並使得許多體適能指導者，吸取更多教學內容及技巧。

1. 優點：樂趣性高、不受天氣影響、技巧難度低、提升有氧能力效果佳。

2. 缺點：消費高、場地普遍性低。

（四）跳繩

　　跳繩是一種無論男女老幼均可從事的運動，因為它能夠適應每個人的體力，而且只要準備一組跳繩，幾乎不受限制，在任何地方都可以從事這項運動。

1. 優點：技巧難度低、低消費、場地取得容易、提升有氧能力效果佳。

2. 缺點：運動傷害（踝、膝）機率高、樂趣性低。

（五）騎固定式腳踏車

　　固定式腳踏車運動器材市場上已有長久歷史，也是許多民眾喜愛的運動方式之一，除了可以達到特定的訓練效果，也不受戶外天候因素的干擾，大大提升了運動健身及訓練的便利性。

1. 優點：技巧難度低、不受天氣影響、場地取得容易。

2. 缺點：樂趣性低。

（六）健走

　　近年來，健走儼然取代慢跑成為一項新興的全民運動，它被公認為是最容易執行的健身運動項目，也是全世界最多醫師與健身專家建議的運動處方之一。根據統計，在美國就有超過 8 千萬以上的民眾是以健走做為最主要的運動模式；在臺灣，也有越來越多的民眾選擇以健走做為主要的強身運動。

1. 優點：技巧難度低、低消費、場地取得容易。

2. 缺點：受天氣影響。

表 3-3　有氧運動優缺點比較表

項目特性	遊泳	慢跑	有氧舞蹈	跳繩	固定式單車	健走
技巧難度	高	低	低	低	低	低
天候影響	中	高	低	低	低	高
消費	高	低	高	低	中	低
場地取得	難	易	中	易	易	易
運動傷害	低	高	低	中	低	低
樂趣性	高	中	高	低	低	中

五、健走運動的實務指導

　　以軀幹直立方式並運用雙腳來移動身體，是人類與其他動物在運動模式上最大的不同；若從動作技術學習的難易程度來看，健走相較於其他健身運動（如游泳、有氧舞蹈等），更顯得容易執行了。另外從能量消耗的觀點看，健走相較於慢跑在能量消耗上雖少消耗10%的卡路里，但是健走運動的易行性與持續性，卻非慢跑所能相提並論的。

　　根據研究證實，健走時如能維持速度在每小時 6.4 公里（4 英里／小時）以上，健走運動對於心肺適能的改善，實有長足的助益。是以將就健走在實務指導時應有的注意事項，分述如下。

（一）運動鞋的選擇

　　健走時應穿著健走專用鞋或是多功能鞋，因為鞋底跟鞋筒的構造與設計，能達到保護使用者的目的。鞋子要合腳，但要預留一點點空間，因為健走時間一長，腳會些微脹大。另外對於鞋子的彈性，亦應要求（雙手抓住鞋的前後兩端，看看是否能折疊彎曲），若是十分僵硬，不具彈性則不適宜於健走。

（二）健走的姿勢

　　健走時應保持良好的姿勢，在健走時必須特別注意身體線條盡量拉長、雙眼注視前方，頸、肩部放鬆，跨步時讓腳跟先著地，再依意識有順序地讓腳底、腳趾著地，之後再以腳趾用力蹬離地面，不要駝背；雙手自然擺動以帶動腳步，上下手臂可成 90 度角，後擺至胯、前擺及肩；骨盆內收於身體的正下方、步幅大小以舒適為原則，勿故意跨大步。

（三）計步器的使用

　　在健走的過程中，計步器的使用已是十分普遍的情形。多數的研究均推薦以計步器做為身體活動的評估工具，除了方便計算步數以換算個體活動的成效外，另計步器亦是操作簡易且價格便宜的實用器具。佩戴計步器就可以知道每日的步行步數，根據衛生福利部的研究顯示，臺灣地區成年人每日平均步行步數約在 6500 步左右。而多數國外相關研究顯示，成年人每日步行步數的平均值約在 5000~7000 步之間。那麼理想的每日步行步數應該是多少？據美國政府健康部門提出的國民每日步行步數的建議量為：成人每日應至少步行 8500 步，方能達到動態生活的基本要求；而臺灣地區的相關單位也提出「每日一萬步、健康有保固」的建議口號。

1. 步幅的量測

　　使用計步器時需輸入體重與步幅。所以，步幅的量測是使用計步器前應取得的數據。畫一起始線作為皮尺的零點，固定後拉伸皮尺，沿皮尺約每 3 公尺固定（一般而言約拉伸至 15 公尺即足夠）。受測者足跟切齊起始線，依健走自然姿勢出發，行走 10 步即停，依足跟所在皮尺刻度測知，量得之距離除以 10，即為受測者之步幅（例走 10 步之距離為 860cm，除以 10 可得步幅為 86cm）；為求精確可以多次量測取其平均值。

2. 資料的輸入

　　體重與步幅的資料，需於出發健走前輸入計步器（圖 3-5）。

　(1) 計步器起始畫面，螢幕右上方顯示單位為 STEP（步），螢幕之下有三鍵分別為 MODE、SET、RESET，以下以 1(MODE)、2(SET)、3(RESET)代稱之。

　(2) 按 1 鍵，切換至螢幕右上方顯示單位為 KM→按 2 鍵切換至螢幕右下方顯示單位為 cm→此時利用 3 鍵輸入個人步幅數據（例如 86cm）→按 2 鍵完成設定。

　(3) 按 1 鍵，切換至螢幕正右方顯示單位為 CAL→按 2 鍵切換至螢幕右下方顯示單位為 kg→此時利用 3 鍵輸入個人體重數據（例如 60kg）→按 2 鍵完成設定。

🎽 圖 3-5　計步器

(4) 按 1 鍵，切換回起始畫面（螢幕右上方顯示單位為 STEP），此時計步器已完成個人數據的設定，倘若健走出發前計步器因擺動振盪而開始計步行為，可按 3 鍵使之歸零。

3. 計步器佩戴

　　計步器的作用原理是靠步行過程中產生的軀幹上下震動，改變了計步器的水平位置，並傳導到計步器內部的擺振裝置，進而啟動計數器的計數功能。因此計步器的最佳佩戴位置是在腰帶上。

動動腦時間

7. 根據理論分析指出，運動強度＿＿＿，＿＿＿＿＿就越大，每分鐘的脈搏數也成＿＿＿增加。

8. 請問哪兩處是較常使用在量取運動脈搏數的簡易有效方式？

答

9. 許多愛美人士把有氧舞蹈視為最佳減肥之道，試問有氧舞蹈的優缺點為何？

答

10. 美國政府健康部門提出的國民每日步行步數的建議量為多少才方能達到動態生活的基本要求？而臺灣地區的相關單位也提出怎麼樣的建議口號？

答

 單元活動

1. 寫出體循環與肺循環的路徑、含氧差異；試繪出心臟與血管示意圖。

2. 討論心肺適能的價值與特性。

3. 分組試設計出心肺適能運動處方；含運動形式、強度、時間與頻率。

4. 分組個別測量安靜時心跳率與三分鐘運動後心跳率，正確量取脈搏數。

5. 計算分組各成員的最大心跳率 MHR 及有效運動強度範圍。

6. 健走與計步器使用實作，需求取步幅並正確配戴計步器以計算行走總距。

課後複習

( )1. 心臟的功能包括　(A)推動血液流動　(B)向器官、組織提供充足的血流量　(C)供應氧和各種營養物質　(D)以上皆是。

( )2. 血漿中的主要成分為　(A)血漿蛋白　(B)血液廢物　(C)水分　(D)以上皆非。

( )3. 血液的重要功能包括　(A)運送氧氣　(B)調節體內酸鹼值　(C)含有抗體　(D)以上皆是。

( )4. 有氧性心肺耐力運動可以有效　(A)增強柔軟度　(B)降低安靜心跳率　(C)提高協調性　(D)以上皆非。

( )5. 下列何者為有氧運動？　(A)舉重　(B)打籃球　(C)健走　(D)以上皆是。

( )6. 所謂中等強度運動是指最大心跳率達　(A)50%　(B)100%　(C)80%　(D)65%。

( )7. 以自覺運動強度量表而言，「有些辛苦」是屬於何等級？　(A)6　(B)20　(C)10　(D)14。

( )8. 美國運動醫學會(ACSM)最新給予成年人心肺訓練的建議是每週　(A)2 個小時　(B)1 個小時　(C)2.5 小時　(D)以上皆是。

解答：

1.D　2.C　3.D　4.B　5.C　6.D　7.D　8.C

參考文獻

American College of Sports Medicine. (n.d.). *ACSM Issues New Recommendations on Quantity and Quality of Exercise*. Retrieved from http://acsm.org/about-acsm/media-room/news-releases/2011/08/01/acsm-issues-new-recommendations-on-quantity-and-quality-of-exercise

Borg, G. A. (1982). Psychophysical bases of perceived exertion. *Medicine and Science in Sports and Exercise*, 14, 377-381.

Carol, E. G., Ph.D. et al. (2011). Quantity and Quality of Exercise for Developing and Maintaining Cardiorespiratory, Musculoskeletal, and Neuromotor Fitness in Apparently Healthy Adults: Guidance for Prescribing Exercise. *Medicine & Science in Sports & Exercise*, *43*(7), 1334-1359.

Haskell, W. L. et al. (2007). Physical Activity and Public Health: Updated Recommendation for Adults From the American College of Sports Medicine and the American Heart Association. *Circulation*, 116, 1081-1093.

Human Kinetics. (n.d.). *Aerobic Workout Components*. Retrieved from http://www.humankinetics.com/excerpts/excerpts/aerobicworkoutcomponents-excerpt

Kenneth, H. C. (1997). *Antioxidant Revolution*. New York: Harpercollins Christian Pub.

Sports Fitness Advisor. (n.d.). *Heart Rate Training: Finding the Right Zone for You.* Retrieved from http://www.sport-fitness-advisor.com/heart-rate-training.html

方進隆(1992)・*運動與健康－減肥健身與疾病的運動處方*・臺北市：漢文書局。

方進隆(1997)・有氧運動・*教師體適能指導手冊*，臺北市：國立臺灣師範大學學校教育與發展中心。

臺灣血液基金會（2011，6 月 30 日）・*血液基本介紹*・取自 http://www.blood.org.tw/Internet/main/docDetail.aspx?uid=6536&pid=6387&docid=23909

李水碧(2004)・*體適能與全人健康的理論與實際*・新北市：藝軒圖書。

林貴福等(2010)・*運動處方：以 ACSM 指引為主的個案研究 (Exercise Prescription: A case study approach to the ACSM guidelines)*・臺北市：禾楓書局。

南方新聞網（2012，11 月 16 日）・*簡述心臟瓣膜疾病的治療*・取自 http://big5.southcn.com/gate/big5/heart.life.southcn.com/xinzangbanmobing/883.html

教育部數位教學資源入口網（無日期）・*第四章　運輸作用*・取自 http://content.edu.tw/junior/bio/tc_wc/textbook/ch04/text-ch04-all.htm

黃新作(2007)・*運動保健與運動處方(Health promotion & exercise prescription)*・臺北市：四章堂文化。

動動腦解答

1. (1)體循環；(2)肺循環。

2. (1)55~60%；(2)90%；(3)7~8%；(4)40~45%。

3. (1)3；(2)a. 運送各種物質；b. 保護作用；c. 調節平衡作用。

4. (1)16；(2)25；(3)1；(4)規律的運動。

5. (1)儲備心跳率；(2)最大心跳率；(3)安靜時心跳率。

6. (1)15；(2)毫無感覺、極度輕鬆、很輕鬆、輕鬆、有些辛苦、辛苦、很辛苦、極度辛苦、最大努力。

7. (1)高；(2)耗氧量；(3)正比。

8. (1)頸側動脈部位；(2)腕部動脈部位。

9. 優點：樂趣性高、不受天氣影響、技巧難度低、提升有氧能力效果佳；缺點：消費高、場地普遍性低。

10. (1)成人每日應至少步行 8500 步；(2)「每日一萬步、健康有保固」。

第 **4** 章

肌肉適能訓練的
理論與實務

Physical Fitness and
Health Promotion

　　提升肌肉適能的重要性與保持良好的肌力和肌耐力水準，對於促進健康及預防傷害與提高工作效率有很大的幫助。當肌力和肌耐力衰退時，肌肉本身往往無法勝任日常身體活動及工作負荷，同時也容易產生肌肉疲勞及疼痛的現象。肌肉適能良好的人，一般他的肌肉及關節也受到較好的保護，能減緩運動傷害發生，對提升身體的運動能力也有很大的功用。

　　肌力(muscular strength)是指肌肉或肌群單次產生最大之力；或指肌肉在一次收縮過程中所能產生的最大力量，通常是以肌肉群在一次收縮所能克服的最大阻力(1-RM)作指標；例如舉重項目。至於肌耐力(muscular endurance)則是指肌肉維持在使用某種程度的肌力時，肌肉本身能持續用力的時間或反覆收縮的次數；是指肌肉反覆收縮或持續用力的表現，亦可表述為肌肉在非最大負荷下，持續反覆收縮的能力；例如仰臥起坐。

　　至於肌力和肌耐力訓練的原則與實施方法，增進肌肉適能最佳的途徑是從事肌力訓練，也就是一般大家熟知的重量訓練(weight training)，這種運動方法就是對於所欲增強的肌群，施以明顯的重量負荷，使肌肉產生阻抗(resistance)作用，而達到肌力與肌耐力的提升效果。由於必須讓所欲訓練的肌肉有明顯用力的機會，因此，使用重量器材是最方便的，例如槓鈴、啞鈴、綜合器械、滑輪以及彈力帶等都是很好的器具。即使沒有任何器材，以徒手方法也可利用身體的重量進行適當的重量訓練，例如伏地挺身、仰臥起坐等，均是很好的方法。

第一節　肌肉系統

　　肌肉組織主要由肌細胞組成，肌細胞為細長的細胞，故亦稱肌纖維(muscle fiber)，許多肌纖維組合起來，就形成肌肉。人體的肌肉系統由三種不同的肌肉組成：骨骼肌(skeletal muscle)、平滑肌(smooth muscle)及心肌(cardiac muscle)。

　　肌細胞的縮短稱為收縮，這種收縮的能力來自於肌細胞內所含絲狀的收縮蛋白；肌動蛋白(actin)為細肌絲及粗肌絲的肌球蛋白(myosin)。肌動蛋白與肌球蛋白的排列非常有規則，使肌細胞內有典型的橫帶或橫紋出現，稱為橫紋肌；而平滑肌，因其細胞之肌球蛋白與肌動蛋白的排列較不規則，故無明顯可見之明暗條紋。橫紋肌一般的收縮速度較快但也較易疲勞，而平滑肌收縮較慢且能持久收縮。

一、肌肉組織的分類

　　人體肌肉組織可分成三大類。

（一）心肌

　　心肌是位於心臟的肌肉，除了心臟之外，沒有另一處可以找到，它們的結構很特別，具有橫紋，它們的特性是收縮得快，而不容易疲勞，當某一組肌肉收縮時，這股收縮的波動會傳播至每個心臟肌肉細胞，與平滑肌肉一樣，它們是不隨意肌肉的一種。

（二）平滑肌

內臟的肌肉多屬與此類，例如消化道、血管、泌尿道與胃腸道器官等等，而且它絕大多數的情況下不受個人的主觀意識控制，而是由內臟本身的自主神經系統和血液內的荷爾蒙調節。另一特性是收縮得慢，可以收縮得較耐久，也不易疲勞，它們是不隨意肌的一種。

（三）骨骼肌

與人體活動最密切相關的為骨骼肌，又稱隨意肌，係屬橫紋肌，原因是它們有很明顯的橫紋，這種肌肉的最大特點是可由個人意識控制收縮的時間、幅度和強度，而且這類肌肉的尺寸大小可隨著訓練、使用的程度而出現顯著的變化，是可以隨意願而收縮的肌肉。大多數骨骼肌的兩端（稱為肌腱），分別附在不同的兩骨片上，肌肉收縮時，以關節作為槓桿的支點，將終端的骨片拉向起端的骨片，例如手臂的彎曲。

表 4-1　三種肌肉的特徵

特徵	心肌	平滑肌	骨骼肌
位置	心臟	中空內臟、血管壁	附於骨骼上
神經控制	自主神經系統	自主神經系統	運動神經系統
收縮速度	中等	最慢	最快
顯微特徵	橫紋、單核	不具橫紋、單核紡錘纖維	橫紋、多核
功能	心搏以利循環	消化及內臟活動	身體的運動

二、肌肉組織的功用

　　人體利用骨骼肌的收縮來完成許多運動，肌肉的力量和耐力，都直接影響到運動時的表現，人體共有 600 多條肌肉，其中骨骼肌占了最多的比率，約占全身重量的 40%（辛和宗等，2011）。

1. 運動

　　受到神經刺激後，心肌收縮產生心搏；平滑肌收縮促使內臟及消化道等運作；骨骼肌則透過骨骼、關節的參與使身體得以運動。

2. 穩定姿勢

　　肌肉的收縮，使關節穩定且維持姿勢。

3. 協助體內物質的儲存與移動

　　心肌收縮促進血液運送；平滑肌調整血液流速；骨骼肌收縮幫助靜脈回流與淋巴循環。

4. 產生熱能

　　骨骼肌收縮運動產生熱量。

三、肌肉組織的特性

1. 興奮性(Excitability)

　　指肌肉組織接受足夠之刺激，產生反應之能力。如肌肉組織對刺激產生動作電位(action potential)。

2. 收縮性(Contractility)

　　指肌肉組織接受足夠刺激後，會引起收縮而變短、變粗的能力。

3. 伸展性(Extensibility)

　　肌肉組織受到拉力，伸展其長度之能力。

4. 彈性(Elasticity)

　　指肌肉組織進行收縮或伸展反應後，能夠恢復原狀之能力。

 動動腦時間

1. 人體的肌肉系統由哪三種不同的肌肉組成？

2. 人體中，收縮速度較快但也較易疲勞的是哪種肌肉類型？

3. 肌肉組織的特性有幾種？並請簡述如下。

第二節　骨骼肌纖維與收縮

　　骨骼肌是由數以千計，具有收縮能力的肌纖維所組成，並且由結締組織(connective tissue)所包覆且接合在一起。每條肌肉可以由不同數量的肌束所組成，這個在肌肉內由結締組織所形成的網絡最後聯合起來，並連接到肌肉兩端由緻密結締組織構成的肌腱，再由肌腱把肌肉間接地連接到骨骼上。

一、骨骼肌纖維的分類

　　骨骼內含有可儲存氧氣的肌紅素(myoglobin)，提供肌肉收縮時的氧氣。依微血管分布的密度多寡來區分，微血管密度高（肌紅素含量多）是為紅肌纖維(type I fibers)；微血管密度低（肌紅素含量少）則為白肌纖維(type II fibers)。若依據肌纖維收縮的速度做分類，則可以分為慢縮肌纖維與快縮肌纖維；紅肌纖維的腺嘌呤核苷三磷酸水解酶(ATPase)活性低、水解速率慢，肌肉收縮速度慢，故紅肌纖維即為慢縮肌纖維(slow twitch, type I)；白肌纖維的腺嘌呤核苷三磷酸水解酶(ATPase)活性高、水解速率快，肌肉收縮速度快，故白肌纖維即為快縮肌纖維(fast twitch, type II)。

　　王順正(1999)認為，人體骨骼肌的類型基本上可以分為慢縮紅肌(type I)、快縮紅肌(type IIa)與快縮白肌(type IIb)三類。而且，一般坐式生活的社會大眾，三種類型的骨骼肌比例各占 50%、25%與 25%左右，也就是慢縮紅肌纖維的比例最高（王順正，1999）。研究發現，速度性項目運動員主要運動肌肉內快縮肌纖維的比例較高；反過來說，耐力性項目運動員主要運動肌肉內慢縮肌纖維的比例較高。

表 4-2 三種肌纖維特徵

特徵	Type I	Type IIa	Type IIb
收縮時間	慢	中等快速	很快速
運動神經元尺寸	小	中	很大
耐受疲勞能力	高	微高	低
最大運動時間	數小時	少於 30 分鐘	少於 1 分鐘
力量生成	低	中等	很高
粒線體密度	高	高	低
微血管密度	高	中	低
氧化能力	高	高	低
糖解能力	低	高	高
主要儲存能源	三酸甘油酯	磷酸肌酸、肝醣	磷酸肌酸、肝醣

資料來源： Simplyshredded. (n.d.). *Muscle-Specific Hypertrophy: Chest, Triceps and Shoulders By Menno Henselmans.* Retreived from http://www.simplyshredded.com/muscle-specific-hypertrophy-chest-triceps-and-shoulders-by-menno-henselmans.html

二、骨骼肌的收縮

肌肉收縮是根據肌絲滑動理論(sliding-filament theory)作為原理解釋，當肌肉收縮時，由於肌動蛋白微絲在肌球蛋白微絲之上滑行所致。在整個收縮的過程之中，肌球蛋白微絲和肌動蛋白微絲本身的長度則沒有改變。

當肌肉收縮時，若肌動蛋白微絲向內滑行，使到 Z 線被拖拉向肌節中央而導致肌肉縮短了，這便稱作向心收縮 (concentric contraction)。例如，進行槓鈴彎舉動作時，當彎臂二頭肌(biceps)產生張力（收縮）並縮短，把槓鈴向上舉起時，就是正在進行向心收

縮。反過來說，在槓鈴放下的階段，肌動蛋白微絲向外滑行，使到肌節在受控的情況下延長並回復至原來的長度時，就是正在進行離心收縮(eccentric contraction)。向心收縮或離心收縮二者，肌肉收縮時張力(tension)不變但肌肉的長度會改變，此種收縮形式稱為等張收縮(isotonic contraction)，又稱為動態收縮(dynamic)。

　　還有一種情況，就是肌動蛋白微絲在肌肉收縮時並未有滑動，而且仍然保留在原來位置，用力時肌肉長與關節角度不變，例如進行滑輪下拉(lat pull down)動作時，維持不動使橫桿停留肩上，這便稱作等長收縮(isometric contraction)，又稱為靜態收縮(static)。

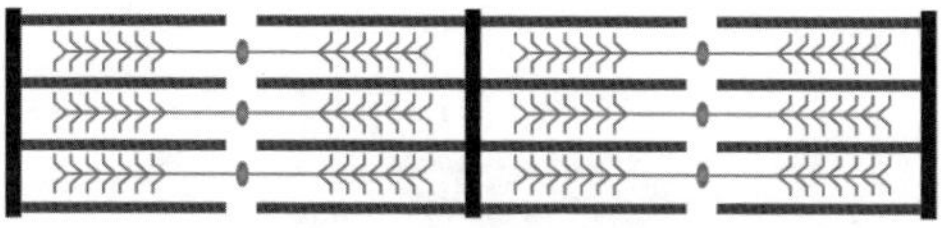

(A) 等長收縮：肌肉長度不變

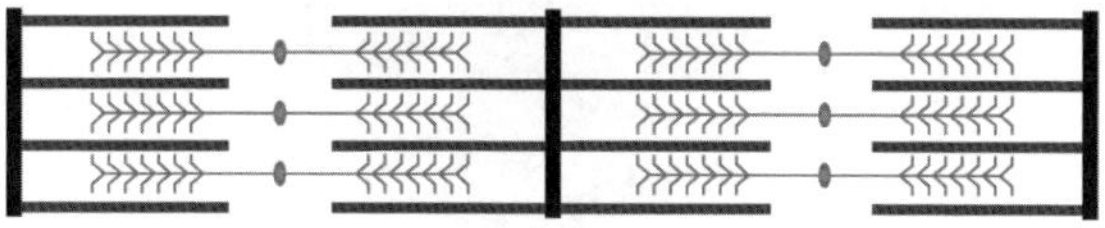

(B) 離心收縮：肌肉拉長

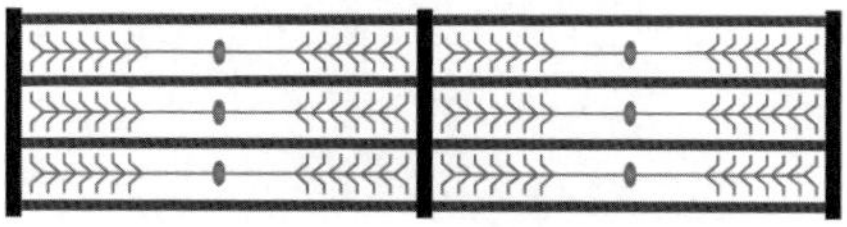

(C) 向心收縮：肌肉縮短

圖 4-1　肌肉收縮的種類

◖◼◗ 圖 4-2　向心收縮

◖◼◗ 圖 4-3　離心收縮

◖◼◗ 圖 4-4　等長收縮

　　等速收縮(isokinetic contraction)，是指在收縮過程中動作的速度維持一定，常人很難自主控制肌肉等速收縮，若使用等速測量儀，就能協助肌肉在收縮過程維持固定的速度，達到等速收縮。

👆 表 4-3　肌肉收縮類型比較

肌肉收縮的特性	等張收縮		等長收縮
	向心收縮	離心收縮	
長度	縮短	伸長	不變
張力	轉變	轉變	轉變
速度	轉變	轉變	沒有動作
例子	二頭肌收縮並縮短（用力＞重量）	二頭肌收縮但伸長（用力＜重量）	二頭肌收縮但長度不變（用力＝重量）
			保持不動

資料來源：　新高中體育課程（2013，5 月 1 日）．肌肉收縮的類型．取自 http://www.hksports.net/hkpe/nss_pe/human_body/muscle_contra ction_types.htm

🕐 **動動腦時間**

4. 骨骼內可儲存氧氣，並提供肌肉收縮時的氧氣是何種蛋白？依微血管分布的密度多寡來區分有兩種骨骼肌纖維，請問微血管密度高的是哪種骨骼肌纖維？

答

5. 一般坐式生活的社會大眾，三種類型的骨骼肌比例各占多少百分比？且為哪一種骨骼肌的比例最高？

答

第三節　肌肉適能的運動處方

　　前言提及，針對增強肌肉適能的訓練，最有效的方法是採取重量訓練(weight training)，這種運動方法就是對於所欲增強的肌群，施以明顯的重量負荷，使肌肉產生阻抗(resistance)作用，達到肌力與肌耐力的提升效果。重量訓練的基本原則，即是必須使欲訓練的身體肌肉群處在具有重量負荷的狀態下，運用肌肉收縮對抗重量阻力的方式進行訓練。是故，重量負荷的選擇與肌肉收縮的型態、次數遂成了重要的因素。至於肌力與肌耐力的重量訓練，差異在於負荷的重量以及反覆次數不同。

　　等張訓練的最大反覆(repetition maximum, RM)，意即肌肉在不疲勞的情況下，所能完成的最大反覆次數，是肌肉訓練時的強度設定指標。在實際的運用中，是在某一重量負荷下所能反覆完成最高的次數，如 10-RM 就代表只能完整舉起 10 次，無法完成第 11 次的最大重量。

 ## 一、重量訓練的原則

（一）超負荷原則

　　使用比平常高的總訓練量有效地刺激肌肉，讓肌肉訓練更強壯，增加總訓練量的方法可以增加重量或阻力（強度），增加反覆次數或回合數，總訓練量是指：負荷量(load) × 反覆次數(rep) × 組數(set)。

（二）漸進負荷原則

　　訓練的過程中，經過超載訓練後的肌肉，其肌肉力量將會增加，肌肉適能會逐漸適應所承受的重量負荷，因此我們必須慢慢的增加訓練的負荷量，並且漸漸的增加訓練，以達到漸進原則。

（三）排列原則

　　在訓練上必須有其順序排列的原則，其一是訓練時應先做大肌肉群訓練再做小肌肉群訓練，因為訓練時小肌肉群要比大肌肉群更容易疲勞；例如腿部和臀部的較大肌群，應該在較小的手臂肌肉之前先實施訓練。其二則是避免兩個相同肌群的動作連續實施，應讓訓練後的肌肉有充分的休息時間，以達訓練效果。

（四）特殊性原則

　　重量訓練肌肉收縮特殊性的原則，也就是重量訓練時與實際在運動場上所用的肌肉收縮方式要相同；肌肉會依被訓練的形式、強度及角度等因素之不同，而有其特殊性的適應與改變，重量訓練的特殊性涵蓋了多種因素，例如速度、收縮、肌群及能量系統等因素；雖然肌力訓練應包括所有的主要肌群，但是仍要注意某些運動的獨特需求。

二、重量訓練的注意事項

　　利用重量進行阻抗訓練，以達到肌肉適能提升的效果；因此，安全與有效訓練方法才是最重要的準則。重量訓練的過程中，有許多值得注意的事項，攸關運動訓練的安全、避免運動傷害以及效率性，以下作逐項的討論。

（一）呼吸原則

　　就運動生理學的觀點，最佳的呼吸方式，離心收縮時吸氣，向心收縮時呼氣。以彎臂上舉為例，啞鈴上舉時呼氣，啞鈴放下時吸氣。事實上，從事肌力訓練時只要根據自己的呼吸方式來做，切忌閉氣操作而導致胸腔內壓力增加，橫膈膜被向下推，如果配合胸腹部肌肉的用力，還會造成腹壓的增加，血壓突然上升，靜脈回流減少、心臟輸出不足，可能引起暈眩、昏厥、休克等循環不適症，稱為 valsalva maneuver。

（二）離心收縮與向心收縮的訓練效果

　　當肌肉在肌纖維物理性拉長的情況下由於受到外界負重而使張力增加，此乃離心收縮之意；向心收縮則是將重物舉起的行為，對抗地心引力的作用不大，故無法使得線型的肌肉得到強烈的延展，對於肌纖維的撕裂效果不佳。離心訓練提高離心肌肉力量，最大離心肌肉動作比最大向心肌肉動作更能刺激力量的增加。

（三）訓練肌群的排序

　　依照專家以及教育部體育署的建議，匯整如下。

1. 大腿、臀部：股四頭肌、股二頭肌、臀大肌等。

2. 胸部：胸大肌。

3. 背部：闊背肌、斜方肌。

4. 小腿：比目魚肌、腓腸肌。

5. 肩部：三角肌。

6. 腹部：腹直肌、腹外斜肌。

7. 臂部：肱二頭肌、肱三頭肌。

（四）最大反覆對照換算

　　最大反覆(repetition maximum, RM)，是指單一肌肉一次收縮所能夠產生的最大力量，換言之意指某一肌群收縮一次能夠抵抗重量的最大肌力。RM 是肌肉訓練時的強度設定指標，在實際的運用中，RM 代表的是肌肉疲勞前能按指定重複次數舉起的最大重量。從事稱重量訓練前，利用 RM 理論來預測自己目前的力量水準是絕對必要的。

　　例如，某人蹲舉 150 公斤時的最大反覆次數為 10，預測其 1-RM 最大肌力。

　　　　　150 公斤、10-RM 係 75%

　　　　　1-RM 之預測則為 150 ÷ 75%＝200（公斤）

☞ 表 4-4　最大反覆對照表

1RM	2RM	3RM	4RM	5RM	6RM	7RM	8RM	9RM	10RM	12RM
100%	95%	92.5%	90%	87.5%	85%	82.5%	80%	77.5%	75%	70%

資料來源：　健身中心（2014，5 月 24 日）。*最大反覆次數肌力水準(RM)釋義*。取自 http://gogo-fitness.blogspot.tw/2009/05/rm.html

三、運動處方

（一）運動形式(Mode)

　　重量訓練是最有效的肌肉適能運動，如使用槓鈴、啞鈴等經濟又方便的方式。大多數健身中心都設置綜合健身區，這也是很好的方法。甚至，可以利用彈性帶或腳踏車內胎等進行用力性的動作，

或在缺乏器材的情況下，運用徒手方式以自己身體的重量作為負荷，讓肌肉有明顯用力的機會等，都屬重量訓練型態的運動。

（二）運動強度(Intensity)與運動時間(Time)

根據美國運動醫學會的建議如下：

1. 肌力訓練

（初學者到中階級）

(1) 負荷：60~70% × 1-RM。

(2) 訓練量：1~3 sets、8~12 repetitions。

（進階者）

(1) 負荷：80~100% × 1-RM。

(2) 訓練量：2~6 sets、1~8 repetitions。

休息間隔：高強度高負荷者為 2~3 分鐘；低負荷低強度者為 1~2 分鐘。

2. 肌耐力訓練

(1) 負荷：低於 70% × 1-RM

(2) 訓練量：2~4 sets、10~25 repetitions。

休息間隔：組間休息 30 秒至 1 分鐘。

（三）運動頻率(Frequency)

依照美國運動醫學會的建議如下：

1. 初學者：全身性訓練 2~3 天／週。

2. 中階級：全身性訓練 3 天／週，上／下區分半身訓練 4 天／週。

3. 進階者：4~6 天／週。

最後，美國運動醫學會對於肌肉適能訓練給予的綜合建議如下：

1. 成年人必須利用不同的運動和器械進行每個主要肌群的訓練，2~3
   天／週。

2. 老年人及經常久坐的人，一開始適合訓練極低或低強度的負荷。

3. 每個動作 2~4 組的訓練，將有助於成年人肌力與瞬發力的增進。

4. 對每個訓練而言，8~12 repetitions 增進肌力與瞬發力；

   10~15 repetitions 對中年人與老人足以增加肌力；

   15~20 repetitions 則是肌耐力的提升。

5. 阻抗訓練週期中，48 小時的休息是必須的。

 動動腦時間

6. 超負荷原則的總訓練量是指？

7. 重量訓練中無法使得線型的肌肉得到強烈的延展，對於肌纖維
   的撕裂效果不佳的是何種訓練？

8. 最大反覆(RM)，是指＿＿＿＿肌肉＿＿次收縮所能夠產生的最
   大力量，換言之意即指某一肌群收縮＿＿次能夠抵抗重量的最
   大肌力。

 **第四節　肌肉適能訓練實務**

　　本節擬就身體肌肉適能訓練內容以圖例動作示範說明。

　　主要針對幾個比較重要的肌群加以訓練，例如大腿、臀部、胸部、背部、肩部、小腿、腹部、手臂等。利用啞鈴、器械或徒手動作訓練，以達肌肉適能提升的效果。

　　示範圖例如下：

一、大腿與臀部

1. 訓練肌群：股四頭肌。

2. 操作技巧：正坐於凳→屈膝雙足置於護輪→直膝引腿上舉。

3. 注意事項：上舉時吐氣、回復時吸氣（回復時應緩慢放回）。

1. 訓練肌群：股四頭肌、臀大肌、脛骨前肌。

2. 操作技巧：屈膝仰臥→雙足置於踏板→前蹬上舉。

3. 注意事項：上舉時吐氣、回復時吸氣（回復時應緩慢放回）。

1. 訓練肌群：股二頭肌。

2. 操作技巧：俯臥於凳→雙手握把手、雙足跟置於護輪→屈腿上舉。

3. 注意事項：上舉時吐氣、回復時吸氣（回復時應緩慢放回）。

1. 訓練肌群：股四頭肌。

2. 操作技巧：屈膝正坐（小腿以下懸空）→雙手撐凳輔助→直膝上提。

3. 注意事項：上提時吐氣、回復時吸氣（回復時應緩慢放回）。

1. 訓練肌群：股二頭肌。

2. 操作技巧：立於凳前→雙手撐凳輔助→屈膝上提。

3. 注意事項：上提時吐氣、回復時吸氣（回復時應緩慢放回）。

1. 訓練肌群：股四頭肌、脛骨前肌。

2. 操作技巧：仰臥墊上→雙手執帶屈膝單足踩於帶上→直膝上舉。

3. 注意事項：上舉時吐氣、回復時吸氣（回復時應緩慢放回）。

1. 訓練肌群：股二頭肌。

2. 操作技巧：俯臥墊上→單足勾於帶上→引腿內屈。

3. 注意事項：內屈時吐氣、回復時吸氣（回復時應緩慢放回）。

1. 訓練肌群：臀大肌。

2. 操作技巧：雙手俯撐於墊→雙腿屈膝跪於墊→屈膝上舉。

3. 注意事項：舉腿時吐氣、回復時吸氣。

二、胸部與背部

1. 訓練肌群：胸大肌。

2. 操作技巧：屈膝仰臥→雙手握槓置於胸前→上舉。

3. 注意事項：上舉時吐氣、回復時吸氣（回復時應緩慢放回）。

1. 訓練肌群：胸大肌。

2. 操作技巧：屈膝仰臥→雙手屈肘側伸執啞鈴（拳心相對）→直肘上舉。

3. 注意事項：上舉時吐氣、回復時吸氣（回復時應緩慢放回）。

1. 訓練肌群：胸大肌。

2. 操作技巧：雙手握握把→背部抵緊靠墊→雙臂內夾至胸前。

3. 注意事項：內夾時吐氣、回復時吸氣（回復時應緩慢放回）。

1. 訓練肌群：胸大肌。

2. 操作技巧：屈肘俯撐於凳（虎口朝內）→雙腿直膝後伸→直肘挺身。

3. 注意事項：挺身時吐氣、回復時吸氣。

1. 訓練肌群：胸大肌。

2. 操作技巧：兩腳開立雙手執帶（拳心相對）→屈肘側平舉→直臂外展。

3. 注意事項：開立兩足與肩同寬，外伸時吐氣、回復時吸氣（回復時應緩慢放回）。

1. 訓練肌群：胸大肌。

2. 操作技巧：屈肘俯撐於墊（虎口朝內）→雙腿屈膝於墊→直肘挺身。

3. 注意事項：挺身時吐氣、回復時吸氣。

1. 訓練肌群：闊背肌、肱二頭肌。

2. 操作技巧：雙手握槓→大腿抵緊護輪→引槓下拉至頸後。

3. 注意事項：下拉時吐氣、回復時吸氣（回復時應緩慢放回）。

1. 訓練肌群：闊背肌、肱二頭肌。

2. 操作技巧：隻手握啞鈴另手支撐於墊→單足站立另足跪於墊上→屈肘上提。

3. 注意事項：上提時吐氣、回復時吸氣（回復時應緩慢放回）。

1. 訓練肌群：下背豎脊肌。

2. 操作技巧：下腹部俯於墊→雙足跟抵緊護輪→弓背上抬。

3. 注意事項：上抬時吐氣、回復時吸氣（回復時應緩慢放回）。

三、肩部與小腿

1. 訓練肌群：三角肌、斜方肌、肱三頭肌。

2. 操作技巧：正坐於凳→雙手握把手雙足置於踏板→直肘上舉。

3. 注意事項：上舉時吐氣、回復時吸氣（回復時應緩慢放回）。

1. 訓練肌群：三角肌。

2. 操作技巧：兩腳開立雙手執啞鈴（虎口朝前）→身體前傾微屈膝
→直臂側平舉。

3. 注意事項：開立兩足與肩同寬，上舉時吐氣、回復時吸氣（回復
時應緩慢放回）。

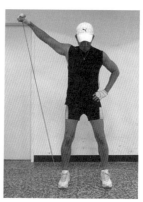

1. 訓練肌群：三角肌。

2. 操作技巧：兩腳開立單手執帶（虎口朝前）→另手插腰→直臂上提。

3. 注意事項：開立兩足與肩同寬，上提時吐氣、回復時吸氣（回復時應緩慢放回）。

1. 訓練肌群：腓腸肌。

2. 操作技巧：兩腳開立肩負平槓→腳跟懸空→舉踵踮起腳尖。

3. 注意事項：開立兩足與肩同寬，舉踵時吐氣、回復時吸氣（回復時應緩慢放回）。

四、腹部與臀部

1. 訓練肌群：腹直肌。

2. 操作技巧：正坐於凳雙手握於把手→雙足置於踏板→引體前屈至大腿。

3. 注意事項：前屈時吐氣、回復時吸氣（回復時應緩慢放回）。

1. 訓練肌群：腹直肌。

2. 操作技巧：仰臥雙手於胸前→雙膝置於護輪→縮腹身體上引至肩胛骨離凳。

3. 注意事項：上引時吐氣、回復時吸氣、眼睛直視上方、頸椎放鬆。

1. 訓練肌群：腹直肌。

2. 操作技巧：直膝正坐（大腿以下懸空）→雙手撐凳輔助→舉腿縮腹。

3. 注意事項：上舉時吐氣、回復時吸氣。

1. 訓練肌群：腹直肌。

2. 操作技巧：屈膝正坐（大腿以下懸空）→雙手撐凳輔助→提膝縮腹。

3. 注意事項：上提時吐氣、回復時吸氣。

1. 訓練肌群：腹直肌。

2. 操作技巧：直膝仰臥雙腿懸空→雙手置於腹部→單足上提。

3. 注意事項：上提時吐氣、回復時吸氣、眼睛直視上方、頸椎放鬆。

1. 訓練肌群：股外側肌、臀中肌、外腹斜肌。

2. 操作技巧：單肘撐於墊→單腿屈膝於墊另腿直膝平伸→直膝上舉。

3. 注意事項：舉腿時吐氣、回復時吸氣。

1. 訓練肌群：肱二頭肌。

2. 操作技巧：雙手握槓→大臂固定於支撐架→屈肘上舉。

3. 注意事項：上舉時吐氣、放下時吸氣。

1. 訓練肌群：肱二頭肌。

2. 操作技巧：兩腳開立微屈膝→單手執啞鈴、另手枕於該手大臂固定→屈肘上舉。

3. 注意事項：開立兩足與肩同寬，上舉時吐氣、回復時吸氣。

1. 訓練肌群：肱二頭肌。

2. 操作技巧：兩腳開立微屈膝→單手執啞鈴（虎口朝上）另手插腰
→屈肘上舉。

3. 注意事項：開立兩足與肩同寬，上舉時吐氣、回復時吸氣。

1. 訓練肌群：肱三頭肌。

2. 操作技巧：兩腳開立微屈膝→單手屈肘執啞鈴（虎口朝上）另手
插腰→直肘後舉。

3. 注意事項：開立兩足與肩同寬，後舉時吐氣、回復時吸氣。

1. 訓練肌群：肱三頭肌。

2. 操作技巧：兩腳開立單手屈肘執啞鈴→另手置於大臂處輔助→直肘上舉。

3. 注意事項：開立兩足與肩同寬，上舉時吐氣、回復時吸氣（回復時應緩慢放回）。

1. 訓練肌群：肱三頭肌、胸大肌。

2. 操作技巧：屈膝仰臥→雙手過頭執啞鈴（掌心朝上）→直肘上舉。

3. 注意事項：上舉時吐氣、回復時吸氣（回復時應緩慢放回）。

1. 訓練肌群：肱三頭肌。

2. 操作技巧：屈肘背撐於凳→雙腿直膝前伸→直肘挺身。

3. 注意事項：挺身時吐氣、回復時吸氣。

1. 訓練肌群：肱二頭肌。

2. 操作技巧：兩腳開立微屈膝→單手執帶另手枕於該手大臂固定→
   屈肘上提。

3. 注意事項：開立兩足與肩同寬，上提時吐氣、回復時吸氣（回復
   時應緩慢放回）。

1. 訓練肌群：肱三頭肌。

2. 操作技巧：兩腳開立→雙手執帶（虎口相對）→直臂外伸。

3. 注意事項：開立兩足與肩同寬，外伸時吐氣、回復時吸氣（回復時應緩慢放回）。

動動腦時間

9. 進行股二頭肌之重量訓練時的注意事項為何？

10. 操作技巧為：雙手俯撐於墊→雙腿屈膝跪於墊→屈膝上舉是訓練何處的重量訓量？

單元活動

1. 分組舉一同學，標示其身體主要大肌肉群位置。

2. 討論肌肉適能的價值與特性。

3. 以動作示範，說明不同的肌肉收縮類型。

4. 分組試設計出肌肉適能運動處方；含運動形式、強度、時間與頻率。

5. 以仰臥推舉個人最大反覆為例，試計算個 1-RM 的肌力重量。

6. 依骨骼肌分布，以 4~6 部位為原則，分別設計其訓練動作與次數。

7. 分組討論簡易器材與徒手肌肉適能訓練動作。

課後複習

( ) 1. 人體的肌肉系統主要由何種肌肉組成？ (A)骨骼肌 (B)心肌 (C)平滑肌 (D)以上皆是。

( ) 2. 下列何者非橫紋肌？ (A)胃部肌肉 (B)手臂肌肉 (C)心臟肌肉 (D)以上皆非。

( ) 3. 骨骼肌約占了全身重量的 (A)40％ (B)50％ (C)70％ (D)65％。

( ) 4. 下列何者是肌肉組織的特性？ (A)收縮性 (B)彈性 (C)興奮性 (D)以上皆是。

( ) 5. 下列何者是快縮肌纖維的特性？ (A)易疲勞 (B)微血管密度高 (C)糖解能力低 (D)以上皆是。

( ) 6. 下列何者非慢縮肌纖維的特性？ (A)不易疲勞 (B)微血管密度高 (C)糖解能力高 (D)以上皆是。

( ) 7. 等張收縮時 (A)肌肉縮短 (B)肌肉伸長 (C)肌肉張力不變 (D)以上皆是。

( ) 8. 等長收縮時 (A)肌肉縮短 (B)肌肉伸長 (C)肌肉長度不變 (D)以上皆是。

( ) 9. valsalva maneuver 是因為 (A)胸腔內壓力增加 (B)血壓突然上升 (C)靜脈回流減少 (D)換氣操作 以上何者為非？

( ) 10. 最大反覆 8RM 推估約為最大肌力的 (A)70％ (B)60％ (C)75％ (D)80％。

⊕ 解答：

1.D 2.A 3.A 4.D 5.A 6.C 7.D 8.C 9.D 10.D

ACSM. (2002). Progression models in resistance training for healthy adults. *Medicine and Science in Sports and Exercise*, *34*(2), 364-380.

Fit to Be Well: Essential Concepts. (2007)．*基礎全人健康與體適能*（林正常、鄭景峰、吳柏翰譯）．新北市：藝軒圖書。(原著出版於 2005)

Henselmans, M. (n.d). *Muscle-Specific Hypertrophy: Chest, Triceps and Shoulders.* Retrieved from http://www.simplyshredded.com/muscle-specific-hypertrophy-chest-triceps-and-shoulders-by-menno-henselmans.html

Len, K., Ph.D. (n.d.). *Resistance Training: Adaptations and Health Implications.* Retrieved from http://www.unm.edu/~lkravitz/Article%20folder/resistben.html

Michael, R. E., Ph.D. (2013). *Resistance Training for Health and Fitness.* Retrieved from http://www.acsm.org/docs/brochures/resistance-training.pdf

Principles and Labs for Fitness and Wellness, 7th edition. (2004)．*體適能與全人健康的理論與實務*（方進隆、李水碧譯）．新北市：藝軒圖書。(原著出版於 2003)

王敏男(2008)．*體適能教學*．臺北市：五南。

王凱立(2012)．*人體生理學：身體功能之機轉*．新北市：藝軒圖書。

王順正（1999，11 月 5 日）・*骨骼肌的類型*・取自 http://www.epsport.idv.tw/sportscience/scwangshow.asp?repn o=30&page=1

朱真儀等(2012)・*基礎重量訓練*・臺北市：禾楓書局。

孫家樑(2009)・*圖解重量訓練技術*・臺南市：大坤文化。

馬青等(2013)・*人體生理學*・新北市：新文京。

教育部體育署體適能網站（無日期）・*體適能指導－肌力與肌耐力*・取自 http://www.fitness.org.tw/direct03.php

許育達(2011)・*肌力訓練圖解聖經*・臺北市：旗標出版。

許育達等(2014)・*核心訓練圖解聖經*・臺北市：旗標出版。

許樹淵(2009)・*卓越體適能*・臺北市：師大書苑。

陳銘正等(2013)・*重量訓練理論與實務*・臺中市：華格那。

曾仁志、吳柏叡(2013)・*體適能：全人健康*・新北市：全威圖書。

曾淑芬(2012)・*基礎人體生理學*（修訂版）・新北市：高立圖書。

新高中體育課程（2013，5 月 1 日）・*肌肉收縮的機制*・取自 http://www.hksports.net/hkpe/nss_pe/human_body/muscle_con traction_mechanism.htm

新高中體育課程（2013，5 月 1 日）・*肌肉收縮的類型*・取自 http://www.hksports.net/hkpe/nss_pe/human_body/muscle_con traction_types.htm

賴美淑(2000)・*運動與肌肉適能*・臺北市：鼎文。

謝伸裕(2011)・*ACSM 體適能手冊*・臺北市：九州文物。

動動腦解答

1. 骨骼肌、平滑肌及心肌。

2. 橫紋肌。

3. (1)4 種；(2)a. 興奮性：指肌肉組織接受足夠之刺激，產生反應之能力；b. 收縮性：指肌肉組織接受足夠刺激後，會引起收縮而變短、變粗的能力；c. 伸展性：肌肉組織受到拉力，伸展其長度之能力；d. 彈性：指肌肉組織進行收縮或伸展反應後，能夠恢復原狀之能力。

4. (1)肌紅素；(2)紅肌纖維。

5. (1)a. 慢縮紅肌 50%；b.快縮紅肌 25%；c.快縮白肌 25%；(2)慢縮肌。

6. 負荷量(load) × 反覆次數(rep) × 組數(set)。

7. 向心收縮的訓練。

8. (1)單一；(2)一；(3)一。

9. 上舉時吐氣、回復時吸氣（回復時應緩慢放回）。

10. 臀大肌。

MEMO

Physical Fitness and
Health Promotion

第 **5** 章

柔軟度訓練的理論與實務

Physical Fitness and
Health Promotion

根據運動科學理論，柔軟度是比較具有可變性且又影響關節活動範圍，尤其是關節周遭肌群的延展性。因此，就導引出柔軟性有效運動的特色，主要是給予關節附近有關肌群伸展的刺激。關節周圍的軟組織，例如肌肉、結締組織等，它們的柔軟度及適宜的關節活動度，對正常的活動度而言是必要的；軟組織及關節有足夠的活動度，才能預防軟組織的傷害及再次受傷。針對一般運動從事者或者常態運動者而言，伸展運動是一個既簡單又有效的動作，有助於提升運動表現，減少軟組織損傷，並減少肌肉酸痛。伸展運動就是有意識地把目標肌肉及肌腱拉長，令肌肉內的肌肉纖維伸展，利用牽張反射來放鬆肌肉。

第一節　人體骨骼、關節

　　骨骼是組成脊椎動物內骨骼的堅硬器官，組織是一種密實的結締組織，功能是運動、支持和保護身體；成人有 206 塊骨頭，由各種不同的形狀組成。骨與骨之間的間隙一般稱之為關節，關節指的是不同骨頭相接的部分，並能夠彎曲及相對運動，除了少部分的不動關節可能以軟骨連接之外，大部分是以韌帶連接起來的。

一、骨骼系統

　　成年人的骨頭 206 塊，包括 80 塊中軸骨骼、及 126 塊附肢骨骼。中軸骨骼位於中軸周圍，包括頭顱骨、胸骨、肋骨及脊椎骨等；附肢骨骼包含上肢骨、下肢骨及連接四肢骨於中軸骨之帶狀骨（如鎖骨、肩胛骨、髖骨）。

　　骨骼的重要功能有作為身體的支架，維持身體形態與肌肉的附著點、可幫助運動與保護柔軟的器官，例如肺、心、腦、脊髓等；可儲存鈣、磷等礦物質及脂肪，在身體需要時，可釋放到血液中。

　　骨骼的分類；依形狀區分為長骨、短骨、扁平骨及不規則骨。

1. 長骨：股骨、脛骨、腓骨、肱骨、橈骨、尺骨及指骨。

2. 短骨：腕骨。

3. 扁平骨：部分頭蓋骨如額骨、頂骨及肩胛骨、肋骨。

4. 不規則骨：脊椎、蝶骨、篩骨、薦骨、尾骨及下頜骨。

二、關節

　　關節指的是不同骨頭相接的部分，關節可以讓不同的骨頭相接，並能夠彎曲及相對運動；其間韌帶是一條纖維性的組織，在關節處連接相鄰的骨塊，使得骨頭關節的運動能有一定的幅度，若因劇烈運動或衝擊，可能造成韌帶的損傷或斷裂，造成骨頭離開原來的位置，稱為脫臼。骨頭關節處通常有軟骨，軟骨之間隔處有空間，裡面充滿液體，稱為滑液；滑液可以潤滑軟骨，使骨塊能更流暢地運動。

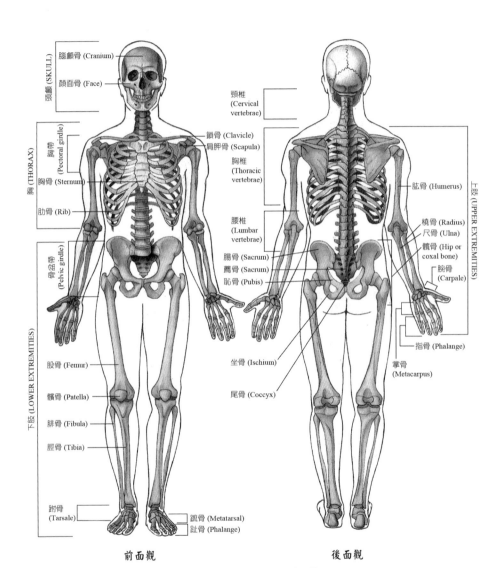

前面觀　　　　　　　　　　後面觀

圖 5-1　骨骼架構

關節可依功能性分類可分為以下三種。

1. 不動關節

不具有關節腔，是骨與骨之間以結締組織相連結，不具有活動性的關節，例如頭骨接縫處。

2. 少動關節

不具有關節腔，是骨與骨之間以軟骨組織直接相連結，軟骨有呈裂縫狀的空隙，可作有限度的運動，例如脊椎骨間關節。

3. 可動關節

具有關節腔，是骨與骨之間的連結組織中有腔隙，可作自由的活動，例如肘、腕、膝關節等。

三、影響關節柔軟度的因素

柔軟度的不良與過度，都有可能會造成身體姿勢的不良、疲勞、甚至是運動傷害的發生；關節的活動範圍如果受限，致使體態不佳（如駝背），也很容易因為肌肉的持續緊繃而產生疲勞與痠痛的情形。是以關節的柔軟度有其對人體健康的重要性。欲探討柔軟度與增進其能力，首先需要瞭解影響柔軟度的因素。

1. 年齡

小孩子的柔軟度很好，但隨著年齡增長至青春期後，他們的柔軟度會慢慢減退，這是因為肌肉僵硬增加和對伸展的耐受力減少所致。

2. 性別

一般來說，女生的柔軟度比男生好，這是因為解剖結構（如骨盆）和荷爾蒙的關係（陳牧如，2003）。

3. 關節構造和種類

　　關節本身的構造和種類會限制關節的活動範圍，不同關節皆有其形狀、種類、結構不同，甚至肌腱與韌帶之彈性不同，都會影響關節柔軟度。

4. 軟組織

　　圍繞在關節的軟組織會影響關節的活動範圍。軟組織中的關節囊和韌帶主要是由膠原和非彈性結締組織構成，而肌肉和筋膜則是由彈性結締組織構成，其中彈性結締組織對於減少活動阻力和增進柔軟度很重要。

5. 皮膚

　　包圍在關節附近的皮膚也會影響到柔軟度，例如疤痕、硬塊或老化的皮膚等，都會使柔軟度降低。

6. 溫度

　　身體的溫度越高，可增進關節的活動範圍；低溫的狀態下，通常柔軟度會比常溫或高溫底下表現較差。

7. 身體活動度

　　身體活動是影響柔軟度因素中最重要的一環，因為關節若長期不活動，則關節韌帶、關節間軟骨、關節囊與其他軟組織的彈性會變差，導致關節僵硬，活動範圍變小。

8. 遺傳

　　某些關節活動度在一些種族中較為優越，如中東及西部印地安人的大拇指和食指關節活動度就較優越（陳牧如，2003）。

動動腦時間

1. 骨頭關節處通常有一種骨頭，這種骨頭之間隔處有空間，裡面充滿一種液體，此液體可以使骨塊能更流暢地運動。試問：這種骨頭是什麼骨頭？裡面含有的液體被稱為什麼？

答

2. 關節可依功能性分類可分為三種，請問是哪三種？並試簡述其特性。

答

3. 影響柔軟度的因素有哪些？並請簡述其影響柔軟度的方式（任選三項填寫即可）。

答

 第二節　伸展運動

　　運動前做暖身操及伸展運動，都是為了能將肌肉適度地延展，尤其是伸展運動更是熱身活動的主要項目；目的除了預防運動傷害之外，也為了提升運動表現(Cornelius & Hands, 1992)。伸展運動運

動能提升柔軟度進而提升運動表現，甚至具有降低以及預防運動傷害的效果(Hartig & Henderson, 1999)。

一般而言，伸展運動對於身體有非常多的好處，包含增加關節活動度、增加肌肉柔軟度、促進血液循環、減少肌肉僵硬以及預防肌肉、肌腱、韌帶傷害等。

伸展運動同時也是運動治療一種；原理是透過一套科學化的方法用以拉長短縮軟組織，可以改善肌肉的繃緊程度、促進血液循環、加快組織的恢復、達到舒緩疼痛的效果。另外也可以增加或恢復關節的活動幅度、降低骨骼及關節受壓及矯正不良身體姿勢等好處。

一、動態伸展 (Dynamic Stretching)

動態伸展是透過動態的動作，去改善活動的幅度(range of movement)，動態伸展不僅能充分活動身體的關節及肌肉群，還有助於提高肌肉溫度、心跳率及靈活度，讓身體進入完整的準備狀態。動態伸展類似於彈震式伸展，都是利用速度來移動，但避免反彈同時也結合運動特殊性的移動模式，幫助運動員增加運動特殊性的柔軟度。

動態伸展較安全的地方在於，它並不是一種快速擺動及反彈的伸展動作，而是一種伸展速度及範圍採漸進模式，且在伸展者控制之下的一種伸展方式。主要針對專項運動的動作進行，如跳遠運動員會進行踢腿、短跑選手進行大跨步慢跑強調臀部伸展、跨欄選手擺出與跨欄騰空時的跨腿壓身動作等。

二、靜態伸展
(Static Stretching)

靜態伸展的動作即是將肌肉及關節延展拉長，直達繃緊狀態，然後慢慢放鬆，不涉及任何大幅度的擺振動作，靜態伸展較不會傷害到肌肉纖維或其他結締組織；也比較不會造成肌肉痠痛，故受傷的機會較少。靜態伸展的技巧比較容易掌握，適合全身的伸展訓練同時可以改善身體的柔軟度和減少運動受傷的情況。

三、彈震式伸展
(Ballistic Stretching)

彈震式伸展是利用彈震式的方法去改善活動的幅度，彈震式伸展是一種有節奏、快速擺動、上下來回及左右反彈的伸展運動。例如排球選手賽前練習深蹲跳躍，使肌肉得到充分的伸展；短跑選手的大跨步跑、跆拳道選手的飛踢等。

彈震式伸展除了具動態伸展的好處外，也可以有效提高身體的表現，只是彈震式伸展很容易因為施力無法妥善的控制，容易使肌肉過度延展而造成傷害使導致軟組織受傷，特別是關節勞損。彈震式伸展運動特別強調角度、力量、速度與時間的控制，所以在操作的時候要特別注意，因為藉由用力快速的擺動身體及四肢來強制的增加關節活動度，認為彈振式伸展可能會造成肌肉痠痛及運動傷害的發生。

四、本體感覺神經肌肉促進術
(Proprioceptive Neuromuscular Facilitation, PNF)

　　本體感覺神經肌肉促進術不只是一種治療的方法，也是一種重要的治療原理，在物理治療的臨床使用上非常廣泛。這種方法對於放鬆肌肉效果尤佳，作為增進整體目標肌群柔軟度以及能使關節得到大幅度的伸展。本體感覺神經肌肉促進術的好處，除了對提高柔軟度有較理想的成效，同時因為不當而導致受傷機會亦相對較小。

　　藉著刺激各種感覺受器以及使用強而有力的肢體動作來誘發較弱的部分，使動作神經電位的閾值降低，能夠有效且容易的誘發出病人的最大動作潛能。本體感覺神經肌肉促進術，主要針對肌肉的主動及被動的伸展，利用旁人的協助去達到提高柔軟度的效果，在被動伸展時，肌肉被動伸展至最大範圍時，仍然可以藉抑制作用放鬆肌肉以便能夠進一步拉長肌肉，使其伸展範圍超過被動伸展範圍。

〔◨◻〕 圖 5-2　PNF 示範操作圖

動動腦時間

4. 何種伸展運動技巧不只是一種治療的方法，也是一種重要的治療原理？並在被動伸展時，可在肌肉被動伸展至最大範圍時，仍然可以藉什麼樣的作用放鬆肌肉以便能夠進一步拉長肌肉，使其伸展範圍超過被動伸展範圍？

5. 請試簡述動態伸展較其他伸展訓練安全的地方在於何處？並通常針對哪些專項運動的動作進行？（試舉課文提及兩項例子即可）

6. 何種伸展訓練除了具動態伸展的好處外，也可以有效提高身體的表現，但相對而言也較易造成身體上的傷害？並請寫下此項伸展訓練特別強調哪四樣東西？

第三節　柔軟適能的運動處方

比較動態與靜態伸展的特性時，學者專家大都支持靜態伸展在安全性和效果方面比動態伸展還好。原因是動態伸展時擔心彈震力量控制不當，可能因肌肉過度伸展(overstretch)而造成拉傷。另外，動態伸展因快速彈震的關係，易引發被伸展的肌肉出現反彈收縮(reflex contraction)，結果會阻礙伸展的程度，所以伸展的效果不如靜態方式。基於健康體適能的要求與觀點，柔軟性的保持或改善，一般人最適合採用的應該是靜態伸展操，依人體軀幹分布以及骨骼關節的架構，實施適當的靜態伸展，用以改善進而提升柔軟度的。

一、柔軟適能的運動處方

（一）運動形式(Mode)

依身體軀幹的主要關節架構，即頸部、肩部、背部、腰部、髖部、大腿、小腿、肘、腕、踝等，施以靜態伸展運動，這是健康體適能需求下最受推薦的運動方式。

（二）運動強度(Intensity)

靜態伸展時其運動強度的指標，概以關節附近的肌肉被拉伸的感覺為準則；應緩慢地伸展關節，並在自己可控制的範圍內伸展，避免過度伸展；倘若被伸展的肌肉有輕微的疼痛感覺或不適感，即表示已達足夠的運動強度；如果未達到繃緊的感覺，表示運動強度不夠；若已達到無法承受的痛覺(unbearable pain)則又顯示運動強度太強了。

（三）運動時間(Time)

　　每一個動作需要達到上述合適的伸展強度之後，遂即維持靜止狀態約 10~30 秒鐘，然後再行放鬆。其反覆次數為每一個部位大約施做 2~4 次即可，在此期間可放鬆休息 5~10 秒。

（四）運動頻率(Frequency)

　　運動頻率所代表的意義是指多久作 1 次運動的意思。以柔軟度的伸展訓練而言，至少應隔日施作 1 次，最好每天施作 1~2 次。

　　最後，美國運動醫學會對於肌肉適能訓練給予的綜合建議如下：

1. 成人需要至少 2~3 天／週的柔軟度訓練，以利促進關節活動範圍。

2. 每一次伸展需在自己可控制的範圍內避免過度伸展，達到肌肉有輕微的不適感程度即可，並靜止 10~30 秒。

3. 每一部位伸展可重複 2~4 回合，或每一部位伸展累積至 60 秒亦可。

4. 動態伸展(dynamic)、靜態伸展(static)、彈震式伸展(ballistic)及本體感覺神經肌肉促進術(PNF)都是有效的伸展運動。

5. 熱身後體溫上升有利於伸展運動的實施，是故於伸展前透過輕微的有氧運動或是熱水浴，皆有助於肌肉暖身。

二、熱身運動

　　正確的運動流程：運動從事的過程裡應包含三個部分，即熱身運動(warm up)、主要運動(exercise session)及緩和運動(cool down)，

如此完整施作此三部分，才算是一個完整的運動流程；如此一來將可使主要運動更有效率，再者亦可減少及避免運動傷害的發生。

熱身運動的目的在減輕運動傷害的發生與提高運動的效率，且讓從事主要運動使用的肌肉群先行熱身一番。平常身體處於安靜狀態，血液大部分集中在軀幹和頭部，四肢的血液流量僅有運動時的5%；身體從事運動的需要，四肢手腳等部位的肌肉需要大量的氧氣，需要更多的血液流向四肢和皮膚，以便增加局部和全身的溫度及血液循環，並且使體內的各種系統，如心臟血管系統、呼吸系統、神經肌肉系統及骨骼關節系統等，能逐漸適應即將面臨的較激烈的運動，來預防運動傷害的發生。

（一）熱身運動的效果

1. 熱身運動可增加肌肉收縮時的速度和力量。

2. 熱身運動可改善肌肉協調能力。

3. 熱身運動可預防或減少肌肉、肌腱韌帶的傷害。

4. 在耐力性運動項目，熱身運動可以加速「再生氣」(second wind)的出現。

5. 熱身運動可以改善肌肉的黏滯性。

6. 熱身運動可以使血紅素和肌蛋白結合釋放氧的能力增強。

7. 代謝過程改善。

8. 血管壁阻力減少。

9. 神經感覺受納器的敏感度和神經傳導速度獲得改善。

10. 體溫上升可以刺激血管擴張，使活動部位的局部血流增加；血液的流速和流量隨肌肉溫度上升而增加，能源的供輸和代謝物的排除因而改善。

11. 在心理上可以達到鎮定、消除緊張等效果；熱身運動能集中注意力，使得運動中不致分心而傷。

 動動腦時間

7. 正確的運動流程裡應包含哪三個部分？
   答

8. 請寫下平常身體處於安靜狀態，血液大部分集中在何處？四肢的血液流量僅有運動時的多少百分比？
   答

 第四節 柔軟適能訓練實務與圖例

依身體軀幹的主要架構，即頸部、肩部、背部、腰部、髖部、大腿、小腿、肘、腕、踝等。

示範圖例如下：

一、頸部

1. 操作技巧：雙手交扣→合掌心置於枕骨→身體直立→施力下壓。

2. 注意事項：緩慢延展肌肉（角度由小漸大至最大）、深吸氣、慢吐氣。

1. 操作技巧：單手扣於另側太陽穴位→身體直立→引手拉伸。

2. 注意事項：緩慢延展肌肉（角度由小漸大至最大）、深吸氣、慢吐氣。

二、肩部

1. 操作技巧：雙手上舉隻手抓握另手腕部→身體直立→引手拉伸。
2. 注意事項：緩慢延展肌肉（角度由小漸大至最大）、深吸氣、慢吐氣。

1. 操作技巧：雙手屈肘上舉隻手抓握另手肘部→身體直立→引手拉伸。
2. 注意事項：緩慢延展肌肉（角度由小漸大至最大）、深吸氣、慢吐氣。

1. 操作技巧：隻手側平舉另手由下方屈肘扣住→身體直立→屈肘手內扣。

2. 注意事項：屈肘手應扣於平舉手之肘部上方、深吸氣、慢吐氣。

三、腰、背部

1. 技巧：雙手上舉交扣→身體直立→引體側屈。

2. 注意事項：緩慢延展肌肉（角度由小漸大至最大）、深吸氣、慢吐氣。

1. 操作技巧：雙腳開立→身體側屈雙手置於足部→引體伸展。

2. 注意事項：緩慢延展肌肉（角度由小漸大至最大）、深吸氣、慢吐氣。

1. 操作技巧：坐姿併腿→身體轉側、雙手後置（掌心貼地）→引體伸展。

2. 注意事項：緩慢延展肌肉（角度由小漸大至最大）、深吸氣、慢吐氣。

1. 操作技巧：併腿俯臥→手肘撐地→手腕撐地（指尖朝後）、挺胸伸腹。

2. 注意事項：緩慢延展肌肉（角度由小漸大至最大）、深吸氣、慢吐氣。

四、髖、大腿

1. 操作技巧：坐姿分腿→雙手平伸置於體前→引體前屈。

2. 注意事項：緩慢延展肌肉（角度由小漸大至最大）、深吸氣、慢吐氣。

1. 操作技巧：坐姿分腿→身體側屈雙手置於足部→引體伸展。

2. 注意事項：緩慢延展肌肉（角度由小漸大至最大）、深吸氣、慢吐氣。

1. 操作技巧：坐姿單腳內屈→另腳置於屈腿外緣→單手內扣另足膝部。

2. 注意事項：緩慢延展肌肉（角度由小漸大至最大）、深吸氣、慢吐氣。

1. 操作技巧：坐姿單腳前伸另腳內屈→身體前屈。

2. 注意事項：緩慢延展肌肉（角度由小漸大至最大）、深吸氣、慢吐氣。

1. 操作技巧：坐姿單腳前伸另腳成跨欄姿勢→身體前屈→身體仰臥。

2. 注意事項：緩慢延展肌肉（角度由小漸大至最大）、深吸氣、慢吐氣。

1. 操作技巧：坐姿雙腿內屈足板相對→雙手置於膝上→雙手下壓。

2. 注意事項：緩慢延展肌肉（角度由小漸大至最大）、深吸氣、慢吐氣。

1. 操作技巧：單足站立另足後屈→單手抓握足尖→以手引足提。

2. 注意事項：使足跟盡量貼近臀部、深吸氣、慢吐氣。

五、小腿、腕、踝

1. 操作技巧：立姿單足尖置於階面→雙手插腰→臀部（重心）前移。

2. 注意事項：挺胸重心前移、深吸氣、慢吐氣。

1. 操作技巧：立姿成弓箭步→雙手置於前足→臀部（重心）前移。

2. 注意事項：後足跟盡量貼齊地面、挺胸重心前移、深吸氣、慢吐氣。

1. 操作技巧：隻手前平舉（指尖朝上）另手扣於該手指部→身體直立→引手內扣。

2. 注意事項：緩慢延展肌肉（角度由小漸大至最大）、深吸氣、慢吐氣。

1. 操作技巧：隻手前平舉（指尖朝下）另手扣於該手指部位→身體直立→引手內扣。

2. 注意事項：緩慢延展肌肉（角度由小漸大至最大）、深吸氣、慢吐氣。

1. 操作技巧：雙足跪姿臀部置於足跟。

2. 注意事項：使臀部盡量貼近足跟、深吸氣、慢吐氣。

動動腦時間

9. 柔軟訓練適能中訓練技巧為：坐姿分腿→雙手平伸置於體前→
   引體前屈的是在訓練何處時的技巧？

   答

10. 後足跟盡量貼齊地面、挺胸重心前移、深吸氣、慢吐氣是在
    訓練何處時的注意事項？

    答

單元活動

1. 依課本骨骼架構圖為例，繪圖並標示出骨骼部位名稱。

2. 討論柔軟度的價值與特性。

3. 分組討論設計一組全身性的靜態伸展運動。

4. 各組設計一式柔軟度運動處方（區分頸部、軀幹、四肢）。

5. 說明熱身運動的內容與價值。

課後複習

(　) 1. 伸展運動的好處有 　(A)促進血液循環 　(B)減少肌肉僵硬 　(C)增加關節活動度 　(D)以上皆是。

(　) 2. 伸展動作需要達到合適的伸展強度之後，遂即維持靜止狀態達 　(A)2 分鐘 　(B)1 分鐘 　(C)20 秒 　(D)5 秒 　再行放鬆。

(　) 3. 正確的運動流程理應包含 　(A)熱身運動 　(B)主要運動 　(C)緩和運動 　(D)以上皆是。

(　) 4. 熱身運動的效果包括了 　(A)減低血流速 　(B)增加肌肉黏滯性 　(C)減少血管壁阻力 　(D)以上皆是。

(　) 5. ACSM 對於成人柔軟度能訓練的建議是至少 　(A)5 天 　(B)2~3 天 　(C) 4~5 天 　(D)以上皆是 　/週。

(　) 6. 關節可依功能性分類可分為 　(A)不動關節 　(B)可動關節 　(C)少動關節 　(D)以上皆是。

解答：

1.D　2.C　3.D　4.C　5.B　6.D

參考文獻

InjuryFix. (n.d.). *NF Stretching Explained - Proprioceptive Neuromuscular Facilitation.* Retrieved from http://injuryfix.com/archives/pnf-stretching.php

吳柏翰、葉乃菁、林正常(2010)・全身性振動伸展訓練對女性高齡者關節活動度之影響・*大專體育學刊，12*(3)，88-97。

吳麗娟等(2010)・伸展運動之探討・*真理大學運動知識學報*，7，84-92。

林文中(2008)・*伸展解剖*・新北市：易利圖書。

林正常(2011)・*運動生理學*・臺北市：師大書苑。

林威秀、黃啟煌(1999，06)・按摩、伸展對於延遲性肌肉痠痛的影響・*大專體育學刊，1*(1)，17-27。

林斐彬(2005)・*靜態伸展訓練對國小學童柔軟度與田徑運動能力的影響*・發表於臺南大學教育學系課程與教學碩士論文・臺南市：國立臺南大學。

張瑞豪、林銘祥、施長和(2007)・談伸展運動與運動傷害的避免・*運動健康與休閒學刊*，7，8-17。

陳怡汶(2011)・比較不同的伸展模式對垂直跳運動表現的影響・*臺灣體育學術研究*，51，95-115。

陳牧如（2003，7月8日）・*柔軟度*・取自 http://www.epsport.idv.tw/epsport/week/show.asp?repno=148

陳美妙(2008)・伸展運動對改善護理人員下背痛之成效探討・*長庚護理，19*(3)，321-333。

陳聰毅、杜春治(2001)·伸展運動在運動健身的意義·*大專體育*，57，83-87。

麥麗敏等(2008)·*解剖生理學*·臺北市：華杏。

賴昆城(2010)·*人體解剖生理學*·臺北市：華騰文化。

羅淑慧(2014)·*圖解示範最正確伸展操*·新北市：瑞昇文化。

動動腦解答

1. (1)軟骨；(2)滑液。

2. (1)不動關節：不具有關節腔，是骨與骨之間以結締組織相連結，不具有活動性；(2)少動關節：不具有關節腔，是骨與骨之間以軟骨組織直接相連結，軟骨有呈裂縫狀的空隙，可作有限度的運動；(3)可動關節：具有關節腔，是骨與骨之間的連結組織中有腔隙，可作自由的活動。

3. (1)年齡：隨著年齡增長，柔軟度會慢慢減退，這是因為肌肉僵硬增加和對伸展的耐受力減少所致；(2)性別：一般來說，女生的柔軟度比男生好，這是因為解剖結構（如骨盆）和荷爾蒙的關係（陳牧如，2003）；(3)關節構造和種類：關節本身的構造和種類會限制關節的活動範圍，肌腱與韌帶之彈性不同，都會影響關節柔軟度；(4)軟組織：圍繞在關節的軟組織會影響關節的活動範圍，其中彈性結締組織對於減少活動阻力和增進柔軟度很重要；(5)皮膚：包圍在關節附近的皮膚也會影響到柔軟度，例如疤痕、硬塊或老化的皮膚等，都會使柔軟度降低；(6)溫度：身體的溫度越高，可增進關節的活動範圍；低溫的狀態下，通常柔軟度會比常溫或高溫底下表現較差；(7)身體活動度：身體活動是影響柔軟

度因素中最重要的一環，因為關節若長期不活動，將導致關節僵硬，活動範圍變小；(8)遺傳：某些關節活動度在一些種族中較為優越，如中東及西部印地安人的大拇指和食指關節活動度就較優越（陳牧如，2003）（任選三項填寫即算正確）。

4. (1)本體感覺神經肌肉促進術；(2)抑制作用。

5. (1)它是一種伸展速度及範圍採漸進模式，且在伸展者控制之下的一種伸展方式；(2)跳遠運動員會進行踢腿、短跑選手進行大跨步慢跑強調臀部伸展、跨欄選手擺出與跨欄騰空時的跨腿壓身動作（任選兩項專項運動動作例子填寫即算正確）。

6. (1)彈震式伸展；(2)a. 角度；b. 力量；c. 速度；d. 時間的控制。

7. (1)熱身運動；(2)主要運動；(3)緩和運動。

8. (1)軀幹和頭部；(2)5%。

9. 髖、大腿。

10. 小腿、腕、踝。

Physical Fitness and
Health Promotion

第 6 章

身體組成管理的
理論與實務(一)

Physical Fitness and
Health Promotion

　　身體由骨骼、肌肉、血液、脂肪以及其他組織所組成。身體組成(body composition)是指各組織占全身的比例。身體組成焦點著重在體脂肪占全身組織的比例；亦即指體內脂肪組織與非脂肪組織的比例。依據 2013~2016 年「國民營養健康狀況變遷調查」，我國成人過重及肥胖盛行率為 45.4%（男性為 53.4%，女性為 38.3%），相較自 1993~1996 年 32.7%至 2005~2008 年 43.4%。依據世界肥胖聯盟(World Obesity Federation)於 2016 年公布各國過重及肥胖盛行率(BMI≧25)資料，臺灣「2013~2016 年國民營養健康狀況變遷調查」成人男性為 43.7%，女性為 30.8%。若與 APEC 之 19 個國家比較，男性排名第 10 名、女性排名第 15 名；與 APEC 之 11 個亞洲國家比較，男性過重及肥胖盛行率排序，依序為(1)汶萊(61.5%)、(2)馬來西亞(46.6%)、(3)新加坡(46.6%)、(4)臺灣(43.7%)；女性過重及肥胖盛行率排序，依序為(1)汶萊(59.8%)、(2)馬來西亞(48.9%)、(3)泰國(34.3%)、(4)香港(34%)、(5)新加坡(33.8%)、(6)印尼(32.4%)、(7)臺灣(30.8%)。（衛生福利部國民健康署，2016）

　　衛福部最新公布 2019 年國人 10 大死因統計依死亡率排序，2019 年十大死因依序為(1)惡性腫瘤（癌症）、(2)心臟疾病、(3)肺炎、(4)腦血管疾病、(5)糖尿病、(6)事故傷害、(7)慢性下呼吸道疾病、(8)高血壓性疾病、(9)腎炎、腎病症候群及腎病變、(10)慢性肝病及肝硬化，排名順位自 2016 年以來維持相同。國人十大死因中，有哪八項與肥胖有關？包括惡性腫瘤（例如：大腸癌、乳癌、子宮內膜癌）、心臟疾病、腦血管疾病、糖尿病、慢性下呼吸道疾病、慢性肝病及肝硬化、高血壓性疾病、慢性腎臟病等。

👆 表 6-1　國人十大死亡原因

2019 年國人十大死因	
十大死因	死亡人數占比
1.惡性腫瘤	28.6%
2.心臟疾病	11.3%
3.肺炎	8.7%
4.腦血管疾病	6.9%
5.糖尿病	5.7%
6.事故傷害	3.8%
7.慢性下呼吸道疾病	3.6%
8.高血壓性疾病	3.6%
9.腎炎、腎病症候群及腎病變	2.9%
10.慢性肝病及肝硬化	2.4%

資料來源：衛生福利部國民健康署 2019 年死因統計

　　因為肥胖導致的相關疾病，包括糖尿病、代謝症候群、膽囊疾病(gallbladder diseases)、血脂異常、呼吸困難(breathlessness)、睡眠呼吸中止症(sleep apnea)等；其次如高血壓、高尿酸血症、痛風、骨性關節炎、乳癌、子宮內膜癌、結直腸癌、女性荷爾蒙異常(reproductive hormone abnormalities)、多囊性卵巢症(polycystic ovary syndrome)、不孕症、下背痛、麻醉風險、胎兒畸形等，亦有其程度相關（表 6-2）。

　　國內已有許多研究顯示身體質量指數和高血壓、糖尿病、高三酸甘油酯血症、高尿酸血症有密切的關聯。1996 年世界衛生組織(WHO)與美國食品藥物管理局(FDA)將肥胖症(obesity)列為「慢性疾病」，且認為它比傳染病還可怕，威脅全球人類的健康福祉。因此，

對於身體組成的管理實為維持健康的重要課題。本章將針對身體組成的評估、健康的影響以及管理的理論與實務逐一討論。

表 6-2　肥胖相對於疾病的危險程度

非常危險 （危險性為 3 倍以上）	中度危險 （危險性為 2~3 倍）	危險 （危險性為 1~2 倍）
糖尿病 代謝症候群 膽囊疾病 血脂異常 呼吸困難 睡眠呼吸中止症	高血壓 高尿酸血症／痛風 骨性關節炎 冠狀動脈心臟病	乳癌 子宮內膜癌 結、直腸癌 女性荷爾蒙異常 多囊性卵巢症 不孕症 下背痛 麻醉風險 胎兒畸形

資料來源：　衛生福利部國民健康署肥胖防治網（無日期）・*體重過重或肥胖對健康的影響？*・取自 http://obesity.hpa.gov.tw/web/content.aspx?T=C&no=242

第一節　身體組成的評估

　　人體的重量大致可分為兩個部分，脂肪組織和淨體重（去脂肪組織）。淨體重指的是肌肉、骨骼、內臟器官和其他結締組織等的重量。成人後由於骨骼、內臟、結締組織的變化不大，於是肌肉組織決定了淨體重量的大部分。另外，人體的脂肪重量變化更大，因著飲食習慣及生活型態而改變，因為肥胖的關鍵在於體內脂肪細胞囤積的多寡，而非單純體重的輕重影響。

　　健康成年女性體內所含的總脂肪量約為 21~35%，男性則為 10~20%，其中「必需脂肪」小量的散布於骨髓、心、肺、肝、脾、腎、肌肉、神經組織及女性特有的乳房、骨盆腔及大腿等部位中，是正常生理作用所需要的；其餘則是「儲存性脂肪」，主要堆積於皮膚層下及內臟周遭，保護臟器不易受到撞擊、創傷。本節將討論幾項簡易的身體評估方法，除了方法簡單，在器材取得與評估計算方面也實際且便利。

一、身體質量指數
(Body Mass Index, BMI)

　　BMI 指數是美國國家衛生研究院(National Institutes of Health)，在 1998 年所建立一個定義過重(overweight)或肥胖(obesity)的標準；現在醫學界都採用 BMI 指數，也叫做身體質量指數(body mass index)同時考慮體重和身高的關係，才能更準確地評估您的體脂肪與健康風險。

　　世界衛生組織建議以身體質量指數來衡量肥胖程度，其計算公式是以體重（公斤）除以身高（公尺）的平方。衛福部有鑑於亞太人種與歐美人種在肌肉、脂肪組成與骨骼方面的差異，避免國人對自己的 BMI 指數落入的範圍有錯誤的安全感，誤認為自己是健康的，而輕忽許多慢性病的蟄伏與惡化，因此在 2002 年 4 月對國人肥胖的定義作重新的界定。國民健康署建議我國成人 BMI 應維持在 18.5 kg/m^2 及 24 kg/m^2 之間，體重過輕、過重或肥胖皆有礙健康。研究顯示，體重過重(24.0 kg/m^2 ≦ BMI < 27 kg/m^2)或是肥胖(BMI ≧ 27 kg/m^2)皆為引發糖尿病、心血管疾病、惡性腫瘤等慢性疾病的主要風險因素；然而過瘦(BMI < 18.5 kg/m^2)的健康問題，則會有營養不良、骨質疏鬆、猝死等健康問題。

$$身體質量指數計算公式(BMI)=\frac{體重（公斤為單位）}{身高^2（公尺為單位）}$$

下表為國民健康署於 2014 年度 9 月時更新成人健康體位的標準值及建議：

表 6-3　臺灣成人 BMI 範圍及建議方針

我國 18 歲（含）以上的成人身體質量指數(BMI)範圍值及健康狀態判定		
BMI 指數	健康狀態	建議方針
BMI＜18.5 kg/m²	體重過輕	需多運動，均衡飲食以增加體能、維持健康
18.5 kg/m²≦BMI＜24.0 kg/m²	健康體重	繼續保持
24.0 kg/m²≦BMI＜27.0 kg/m²	體重過重	需執行「健康體重管理」
BMI≧27.0 kg/m²	肥胖	立刻執行「健康體重管理」

資料來源：　衛生福利部國民健康署（2013，9 月 25 日）。天天量體重。取　自　http://www.hpa.gov.tw/BHPNet/Web/HealthTopic/TopicArticle.aspx?id=201308300012&parentid=201109290001

二、腰、臀圍比
(Waist to Hip Ratio, WHR)

利用腰圍與臀圍的比值，一方面直接測量的數據簡便，另外一方面研究也顯示腰圍和腰、臀比具有高度的疾病指標，因此是民眾居家自我檢查的好方法之一。這是預測一個人是否肥胖及是否面臨患心臟病風險的較佳方法，以亞洲地區的一般成年人而言，腰圍的健康標準則是男性小於 90 公分，女性小於 80 公分；若超過的話，表示腹部的臟器脂肪及皮下脂肪過度堆積，對健康容易造成威脅。就是所謂「蘋果型肥胖」，研究顯示此類型肥胖罹患慢性新陳代謝疾病的機率較高。

　　以皮尺分別測量腰圍及臀圍，並以腰圍（公分）除以臀圍（公分）計算，至少測量二次取平均值。腰圍量測時依 WHO 制定測量方式為肋骨下緣與腸骨上緣之腹部中線。至於臀部的測量，則是以雙腿合併時測量臀部之最大臀圍（臀圍）。所取得數值標準尚未一致，教育部體育署提出腰圍／臀圍比的數值為男性在 0.95 以下而女性在 0.86 以下才理想，衛生福利部國民健康署則是認為，男性小於 0.92，女性小於 0.88 才是理想數值。

　　流行病學與生理學的研究均顯示囤積在腹膜內側的內臟脂肪與許多疾病呈現相關性，因此降低內臟脂肪(visceral fat)的意義就比降低皮下脂肪(subcutaneous fat)高出很多。腰圍是極被重視的「代謝症候群」(metabolic syndrome)之首要指標，它代表著容易誘發胰島素阻抗、高血糖、高血脂、高血壓、糖尿病、動脈粥狀硬化等之導因。

三、生物電阻分析法
(Bioelectrical Impedance Analysis, BIA)

　　生物電阻分析儀是利用歐姆定律的原理來測量身體組成，是最普遍的商業化體脂測量產品，它的測量簡單、不具侵襲性、可重複性高、可以直接顯示體脂肪比率等優點，十分受大眾青睞。

　　簡單將身體組成區分為脂肪組織和淨體組織，其中脂肪組織幾乎不含水，而淨體組織含有大量水分，當利用一股電流流通過身體和測量電阻，非脂肪組織是一個很好的電流導體，而脂肪組織則相對不易，因此電流阻力與非脂肪量相反，可反映該處組織所包含的相關脂肪量。所以電流在淨體組織較容易傳導。生物電阻測量法就是利用少量電流通過人體，藉由測量電阻來決定淨體組織和脂肪組

織。將所測量的電阻帶入電腦中預設的公式，即可計算出身體的脂肪比例和淨體組織比例。

四、皮脂厚度測量

除了內臟脂肪外，身體脂肪約有2/3存在於皮下(Lohman, 1981)，是故可以利用皮脂厚度測量法來推估全身脂肪的百分比。欲得知全身脂肪所占的比例，可用測量儀測量出特定部位的皮下脂肪，再利用迴歸公式計算得知。皮脂厚度(skinfold thickness)測量時必須使用特殊測量儀進行，測量時用大拇指和食指垂直抓起皮下皺摺(fold)；只抓取脂肪層進行測量，2秒後讀取指針上所示之數據；連續測量三次再求其平均值。

🏋 圖 6-1　生物電阻體脂機

一般皮脂厚度測量都是量身體的右側部位，測試時讓受試者自然輕鬆站立。根據教育部體適能指導員手冊，建議常選的測量部位有七處。

1. 肱三頭肌(Triceps)

肩喙突和鷹嘴的連線中點，手臂必須下垂並放鬆。

2. 胸部(Chest)

男生部位在腋下與乳頭連線中點；女生則是腋下與乳頭連線三分之一處（靠近腋下）。

3. 肩胛下方(Subscapular)

　　肩胛骨內側緣下方 1 公分處。

4. 腸骨上方(Suprailiac)

　　指腸骨脊上方之部位。

5. 腹部(Abdomen)

　　肚臍右方 2 公分處，垂直部位。

6. 大腿前側(Front Thigh)

　　髖關節與膝關節連線之中間部位。

7. 小腿(Mid Calf)

　　小腿最寬處中點。

　　根據 Dr. Andrew Jackson and M. L. Pollock (1978)所提出的計算公式，以四部位皮脂厚度測量推估體脂肪率，依性別及部位區分如下列：

1. 男性

　　% Body Fat＝（0.29288×皮脂厚度總合）－【0.0005×（皮脂厚度總合）^{2}】＋（0.15845×年齡）－5.76377

　　測量部位：肱三頭肌、腹部、腸骨上方、大腿前側。

2. 女性

　　% Body Fat＝（0.29669×皮脂厚度總合）－【0.00043×（皮脂厚度總合）^{2}】＋（0.02963×年齡）＋1.4072

　　測量部位：肱三頭肌、腹部、腸骨上方、大腿前側。

五、水中稱重法
(Underwater Weighing, UWW)

水中稱重法是根據阿基米德原理(Archimedes' principle)而設計，利用身體浸入水中時，因為浮力的作用，排除的水量等於身體減輕的重量，再利用公式換算身體密度。

身體密度(Db)＝[體重／（體重－在水中的重量）／水的密度－（肺餘容積+100mL）]再以身體密度代入公式換算身體脂肪比例：

Brozek 公式為：體脂肪%＝【(4.57/Db)－4.142】×100；

Siri 的公式為：體脂肪%＝【(4.95/Db)－4.5】×100。

動動腦時間

1. 肥胖導致的相關疾病有很多，請依課文中的例子試挑三項填寫。
   答

2. 正常腰、臀圍比值在男性為小於＿＿＿，女性小於＿＿＿；另外，以亞洲地區的一般成年人而言，腰圍的健康標準則是男性小於＿＿＿公分，女性小於＿＿＿公分。

3. 除了內臟脂肪外，身體脂肪約有＿＿＿＿＿存在於皮下，是故可以利用＿＿＿＿＿測量法來推估全身脂肪的＿＿＿＿＿。

4. 根據教育部體適能指導員手冊，建議常選用來測量皮脂厚度的
   部位有幾處？並請寫下是哪些部位。

   答

 第二節　肥胖的成因

　　肥胖是現代人常見的健康問題，1996 年世界衛生組織(WHO)已將肥胖列為慢性疾病，肥胖是一個值得深入去瞭解的問題；經濟繁榮，物質充裕，人們越來越重視生活享受，尤其是對吃的講究，經常熱量攝取過剩，使得體重直線上升，導致肥胖，因此，伴隨而來的許多慢性病如：糖尿病、高血壓、心臟病、高血脂⋯等，也一直威脅國人的健康，慢性病的發病率，因體重造成的影響常占有著舉足輕重的地位，體重過重除會造成行動遲緩、反應力降低，容易發生意外等問題，更會在外觀上影響個人形象；而現今社會肥胖問題的嚴重度如何？如何改善？應是我們從事衛生教育工作者需積極瞭解並關心的課題。

　　肥胖乃是人體內脂肪過多的現象，近年來許多醫療團體已將肥胖視為一種疾病，過高的脂肪比例是許多重大疾病的危險因子，因此，體重控制除維持一定的身體重量，更重要的是維持身體脂肪百分比率在一定的範圍內。改善身體組成的目的在於減少體脂肪量與

增加肌肉量，一般而言，正常的男性體脂肪比率在 10~20%左右，女性約在 15~25%。隨著年齡的增加，由於體內原生組織的減少，因此脂肪所占的比例通常會增加。若體脂肪男性超過 25%，女性超過 30%以上即稱為肥胖(obesity) (Strand, 1997)。

肥胖症在全球上是引起死亡的重大風險因子，同時造成個人代謝相關疾病及國家醫療財政負擔。造成肥胖的因素很多，可分為遺傳及基因、環境、生活型態、內分泌或藥物等因素（簡義紋等，2013）。一般而言，肥胖並非一朝一夕造成的，也不是絕對簡單單一原因造成；肥胖的成因複雜，有些肥胖並不單只是熱量攝取及消耗的平衡問題，所以要治療肥胖應以均衡營養、控制飲食、修正生活型態及養成運動習慣等多面向進行。

因此，從各方面瞭解肥胖的成因，再針對其狀況予以修正與調整，方為能真正解決肥胖的方式。

一、能量失衡

能量就是「做功」(work)的能力，當人閱讀、寫字、步行、跑步、伏地挺身等等，都是在「做功」；攝取的熱量與消耗的熱量之間的關係決定熱量的平衡狀態。

1. 正能量平衡(Positive Balance)

   攝入的食物能量大於消耗的能量，增重。

2. 負能量平衡(Negative Balance)

   攝入的食物能量小於消耗的能量，減重。

   當人體所攝取的熱量高於消耗的熱量，身體若長期處在正能量平衡的狀態中，肥胖的狀況於是乎產生。

二、遺傳因素

　　肥胖家族的形成和遺傳有關，諸多證據顯示基因遺傳是造成肥胖的原因之一。1995 年肥胖基因(O_b gene)的發現，O_b 基因所轉錄出的脂肪衍生荷爾蒙-Leptin，可由脂肪細胞製造產生經由血液循環傳達到腦部，藉以調節食物的攝取和增加能量的消耗。肥胖家族的成因除了與生活型態和飲食習慣有關之外，Leptin 的功能是否正常實屬重要，因為血液中 Leptin 的濃度較低或腦部中與 Leptin 結合之受器(receptor)出現異常時，容易造成攝食過量、體脂肪堆積、能量消耗降低，最後體重上升造成肥胖。

　　另外值得一提的是，肥胖的問題出在身體脂肪過多，肥胖的類別可以分為兩種，一種是因脂肪細胞數增加而造成的肥胖，另一種是因脂肪細胞肥大而造成的肥胖。研究指出，因脂肪細胞增加而造成肥胖的人，通常具有不正常脂肪細胞數目的特徵，造成脂肪過多的直接原因則有脂肪細胞數增多以及個別脂肪細胞尺寸增大的綜合影響。

　　在人生長過程中，有三個階段脂肪細胞數目增加得很快：

1. 胎兒在母體懷孕階段的後三分之一期間，即分娩前三個月。

2. 嬰兒出生後的第一年期間。

3. 青春期。

　　在這些階段期間，實施運動可以有效抑制脂肪細胞的生成。因為脂肪細胞一旦生成即永久存在，將來進行體重控制就不容易了。根據研究，極度肥胖者的全身脂肪細胞數可以高達 1,500~3,000 億個；正常人可能只有 250~300 億個而已。一般相信在成人以後脂肪細胞數即不再增加，那時，唯一可以影響身體脂肪量的就是脂肪細

胞尺寸的大小了。脂肪細胞肥大所導致的肥胖，主要來自於已存在之脂肪細胞體積的增加。一生中脂肪細胞的成長速率，以青春時期最為快速，青春期以後，一旦以三酸甘油酯形式儲存在細胞中的脂肪量過多時，也會使脂肪細胞持續成長，而且容易堆積在較不活動的部位，例如腹部、腰部、臀部、大腿後側。

三、基礎代謝率降低

基礎代謝率(basal metabolic rate, BMR)是維持生命所必需的最低能量，主要用於呼吸、心跳、血液循環、腺體分泌、腎臟過濾排泄作用、肌肉緊張度、維持體溫、神經傳導、細胞的基礎功能等等。維持以上生理與生命需求的熱量即為人體基本的熱量消耗。基礎代謝率的高低會隨著年齡的增長而逐漸下降，人體老化與肌肉質量減少，都會導致基礎代謝率降低。

人體熱量消耗的途徑主要有三個部分，第一部分是基礎代謝率，約占了人體總熱量消耗 60~75%，第二部分是身體活動量，約占總熱量消耗的 15~30%，第三部分是食物的熱效應，占的比例最少約 10~15%。所以基礎代謝所消耗的熱量，占了每日熱量消耗量的大部分，一旦基礎代謝率下降，導致肥胖的機率即升高。

影響基礎代謝率高低，主要歸因於兩個條件，一為新陳代謝旺盛的細胞質組織的總量，另一為細胞活動度的總和；研究發現影響基礎代謝率的因素則如下：

1. 面積：體表面積越大，散熱越多，BMR 越高。

2. 年齡：年齡增加，細胞活動度降低，BMR 越低。

3. 肌肉量：肌肉量高，細胞質組織總量亦高，所以 BMR 越高。

4. 性別：男性肌肉量一般高於女性，所以男性的 BMR 較高。

5. 氣候：居住寒帶地區者，BMR 較高；反之，居熱帶者，BMR 較低。

6. 睡眠：睡眠時 BMR 較低。

7. 特殊生理狀況

　　(1) 熱病：體溫升高，BMR 隨之升高。

　　(2) 懷孕：懷孕者 BMR 較高。

　　(3) 甲狀腺機能亢進：甲狀腺機能亢進者，細胞內代謝活動增加，BMR 升高。

四、內分泌及代謝因素

　　某些內分泌疾病以及代謝異常，也會導致肥胖發生。

1. 囊性卵巢症候群(Polycystic Ovary Syndrome, PCOS)

　　是生育年齡婦女最為常見的內分泌疾病，常見的症狀包括月經稀少、肥胖、不孕、及男性荷爾蒙太高（如多毛症、青春痘）。

2. 庫欣氏症候群(Cushing's Syndrome)

　　泛指體內葡萄糖皮質素過多而併發臨床之症狀，如全身倦怠、月亮臉、水牛肩、中央型肥胖（腹部脂肪屯積，但四肢消瘦）、紫紅色之妊娠紋、皮膚變薄合併易瘀青等症狀。

3. 甲狀腺功能低下

　　因為基礎代謝率下降，通常有怕冷、虛胖、容易便祕、無精打采、月經不規律等，治療的方式則是補充甲狀腺素。

4. 生長激素低下

　　生長激素缺乏會改變身體組成，造成中廣型肥胖。除此之外，還會導致高血脂、肌肉張力降低、骨頭組成改變、運動能力及活動力降低、心血管疾病的危險因子增加。

5. 性腺激素

　　妊娠及停經期均可出現肥胖症。

6. 高胰島素血症

　　胰島素分泌過多，則脂肪合成旺盛造成油脂堆積，例如第 2 型糖尿病早期、胰島素瘤、及功能性自發性低血糖症。

7. 其他

　　包括腎上腺髓質素不足、水鈉滯留性肥胖等。

五、藥　物

　　因為藥物使用導致的肥胖；例如磺胺尿素類藥物、胰島素、三環抗憂鬱劑、雌性素、類固醇、避孕藥及乙型阻斷劑等。

六、壓　力

　　心理因素亦是影響飲食行為的原因之一，根據統計大約 30%的肥胖患者是因為不正常暴飲暴食的心理因素所造成的。

七、停　經

雌性素具有抑制體重上升之作用，停經後體重易上升尤其是腹部脂肪（成年女性會有幾個時期特別容易有體重增加的情形：(1)懷孕；(2)服用口服避孕藥時；(3)停經之後）。

動動腦時間

5. 一般而言，正常的男性體脂肪比率在_____左右，女性約在_____。隨著年齡的增加，由於體內原生組織的減少，因此脂肪所占的比例通常會增加。若體脂肪男性超過_____，型性超過_____以上即稱為肥胖(obesity)(Strand, 1997)。

6. 肥胖的類別可以分為兩種，一種是_____的肥胖，另一種是_____的肥胖。

7. 人體熱量消耗的途徑主要有_____個部分，第一部分是_____，約占了人體總熱量消耗_____，第二部分是_____，約占總熱量消耗的_____，第三部分是_____，占的比例最少約_____。

第三節　飲食與生活型態管理

　　體重控制的最基本原則是管理熱量的攝取與消耗；熱量的攝取主要來自於飲食，每日所食用的食物與飲料皆是熱量的來源，而熱量的消耗則主要有基礎代謝率(basal metabolism rate, BMR)、攝食產熱效應(diet induced thermogenesis, DIT)以及身體活動量三者。肥胖症患者的減重原則，必須使熱量的攝取與消耗之間產生一種負平衡，意即需使得熱量的總值在攝取上小於消耗值，則能有效的達成減重的目的。

一、飲食控制計畫原則

　　理想的減肥方法，應以除去多餘的脂肪為目的，且供應體內足夠的營養素，同時在均衡的飲食原則下，盡量選擇低熱量、營養齊全的食物。最正確且無副作用的減重飲食，應該是「限制熱量且均衡的飲食」(calorie-restricted balance diet)，107年新版「每日飲食指南」不但仍以預防營養素缺乏為目標(70% DRIs)，也同時參考最新的流行病學研究成果，將降低心臟血管代謝疾病及癌症風險的飲食原則列入考量，建議以合宜的三大營養素比例（蛋白質 10~20%、脂質 20~30%、醣類（碳水化合物）50~60%）。並攝取足夠的維生素及礦物質，並按個人體形將體重減至理想體重，體重減輕後，應繼續維持理想體重，不再增胖。

　　減重者應以均衡膳食為減重原則；不當的減重方法會對健康造成不當的影響，如免疫功能下降、快速復胖等。減重者應從各類食

物中適量的攝取較低熱量的食物及以較低熱量的烹調方法製備食物。以下為飲食計畫原則歸納：

1. 維持均衡營養。

2. 選擇多種類的食物，不可絕食或禁食某些食物，應選擇一份有變化、好吃的、營養的食譜。

3. 每日以三餐為主，平均分配，不可偏重任一餐，也不吃零食。

4. 減重不宜太快，以每週減少 0.5~1 公斤為原則，初期體重減少主要是水分流失，必須長時間才可見到減肥效果。

5. 吃高纖維質的食物可抑制養分吸收太快，減少攝取量。

6. 家中勿存放零食。

7. 多選用新鮮食物、避免加工食品。

8. 盡量用清蒸、清燉、水煮、涼拌等方法，避免用油炸、油煎法。

9. 避免應酬或吃到飽的自助餐。

10. 避免或減少酒精攝取。

11. 飢餓時宜選用體積大、熱量低，又有飽足感的食物。

12. 禁食任何高熱量食物又濃縮的食物，尤其是甜膩、油炸、油煎、油酥之食物，如糖果、蛋捲、中西甜鹹點心以及雞皮、鴨皮、豬皮、魚皮等。

13. 進餐應定量，細嚼慢嚥，宜專心進食，勿同時看書或電視以避免無意中飲食過量。

14. 改變進食的順序，先喝湯，喝完湯後再吃蔬菜，最後小口小口的慢慢吃肉類和飯。

圖 6-2　現行成人均衡飲食建議量

資料來源：　衛生福利部國民健康署‧*每日飲食指南（手冊）*

二、低升糖指數飲食原則

　　有關低升糖指數(glycemic index, GI)飲食控制的概念，是多倫多大學的大衛‧詹金斯教授(David J. Jenkins)和同事於 1981 年在研究最適合糖尿病人的飲食時所發展出來。主要是用於衡量糖類對血糖量的影響，在消化過程中迅速分解並且將葡萄糖迅速釋放到循環系統的糖類，具有高升糖指數，同時這類急速分解的葡萄糖大多轉化為脂肪。反之，在消化過程中緩慢分解並且將葡萄糖逐漸釋放到循環系統的醣類，則具有低升糖指數值。

　　升糖指數的計算，一般有兩套的標準，分別以白麵包及葡萄糖計算之；依兩者食用後兩小時內血糖的增加值作為比較標準。若以食用純葡萄糖(pure glucose)100 公克後 2 小時的血糖增加值為基準（GI 值=100），其他食物則以食用後 2 小時體內血糖增加值與食用純葡萄糖的血糖增加值作比較而得到的升糖指數值。另外，若以食用白麵包作基準（GI 值=100），則純葡萄糖 GI 值為 140，兩者的數

值差為 1.4 倍。以純葡萄糖為 GI 值 100，在亞洲廣為使用；以白麵包為 GI 值 100，純葡萄糖則為 GI 值 140，則常見於歐美。

換言之，也就是指食物能導致血糖升高能力之高低，或是食物能引起血糖升高速度的快慢。當升糖指數高的食物進食後，血中胰島素荷爾蒙快速增加，胰島素會導致新的脂肪囤積，同時抑制脂肪的分解，高胰島素分泌接著使血糖急速下降，因此兩餐間容易有飢餓感，導致過量進食。升糖指數越高的食物，食用後越容易使血糖升高，促使胰島素分泌增加。

根據衛生福利部國民健康署 2013~2016 年國民營養健康狀況變遷調查結果可知，在 19~44 歲成人當中，有近 8 成每週至少喝 1 次含糖飲料，這些每週喝含糖飲料者，每週平均喝將近 7 次；若與 2005~2008 調查及 1993~1996 調查相比較，會發現成人攝取含糖飲料有逐年增加之趨勢。長期攝取大量的糖，會刺激大腦多種神經傳導物質（如多巴胺等）增加分泌量，導致類似於毒品產生的成癮現象，使人體對糖產生依賴，形成「糖上癮」的現象(Avena, 2008)。國民健康署因應全球減糖趨勢與維持國民健康目的，針對添加糖攝取量不宜超過總熱量的 10%。以每日熱量攝取量 2000 大卡為例，則每日添加糖攝取熱量不宜超過 200 大卡，也就是 50 公克糖（約 10 顆方糖，每顆方糖含 5 公克糖，每公克糖可產生 4 大卡熱量）。

表 6-4　常見食物升糖指數對照表

低升糖指數食物 （0＜GI 值＜45）		
類別	名稱	GI 值
主食全穀類	粉絲	31
	藕粉	32
	蕎麥	41
	黑米	42
	通心粉	45
豆類	大豆	18
	凍豆腐	22
	豆腐乾	23
	刀豆（四季豆）	26
	綠豆	30
	鮮豆腐	32
	扁豆	36
肉蛋類	雞蛋	30
	魚肉	40
	蝦	40
	蟹	42
糖類	木糖醇	7
	果糖	23
水果類	櫻桃	22
	柚子	25
	草莓	29
	生香蕉（未熟透）	30

表 6-4　常見食物升糖指數對照表（續）

低升糖指數食物 （0＜GI 值＜45）		
水果類（續）	木瓜	30
	蘋果	36
	梨	36
	哈密瓜	41
	桃子	42
	柳丁	43
	葡萄	44
奶類飲料類	優酪乳	26
	牛奶	26
	奶油	30
	脫脂奶	36
	番茄汁	38
	咖啡	39
	蘋果汁	41
蔬菜類	菠菜	15
	海苔	16
	海帶	17
	豆芽	22
	大白菜	23
	小白菜	23
	黃瓜	23
	生菜	23
	蘑菇	24

表 6-4　常見食物升糖指數對照表（續）

低升糖指數食物 （0＜GI 值＜45）		
蔬菜類（續）	芹菜	25
	油菜	25
	茄子	25
	花椰菜	25
	捲心菜（球菜）	26
	韭菜	26
	花菜	26
	青椒	26
	金針菇	28
	平菇	28
	香菇	28
	大蔥	28
	洋蔥	30
	番茄	30
	乾香菇	38
	蓮藕	38

中升糖指數食物 （46＜GI 值≦70）		
類別	名稱	GI 值
主食全穀類	雞蛋麵	49
	烏龍麵	55
	洋芋片	60
	麵包	66
	麥片	69

表 6-4　常見食物升糖指數對照表（續）

中升糖指數食物 （46＜GI 值≦70）		
糖及糖醇類	乳糖	46
	巧克力	50
	蔗糖	65
水果類	葡萄乾	57
	芒果	49
	熟香蕉	52
	奇異果	53
奶類和飲料類	可樂	46
	柳橙汁	49
	霜淇淋	65
蔬菜類	玉米	55
	芋頭	64
	番薯	70
肉蛋類	雞肉	46
	鴨（鵝）肉	48
	豬肉	48
	羊肉	48
	牛肉	48
高升糖指數食物 （GI 值＞70）		
類別	名稱	GI 值
主食全穀類	油條	75
	燕麥片	80
	烙餅	80

表 6-4　常見食物升糖指數對照表（續）

高升糖指數食物 （GI 值＞70）		
主食全穀類（續）	麵條 （純小麥粉）	81
	糯米飯	87
	饅頭 （純小麥）	88
	白米飯	88
	法國麵包	95
奶類和飲料類	煉乳	82
	蜂蜜	91
水果類	棗子	71
	鳳梨	71
	龍眼	72
	荔枝	72
	西瓜	74
糖及糖醇類	白糖	82
	葡萄糖	100
	麥芽糖	105
蔬菜類	胡蘿蔔	71
	南瓜	75
零食類	馬鈴薯泥	73
	薯條	75
	膨化食品	82
	米餅	82
	爆米花	82

資料來源： ARIIX 營養師專欄（無日期）。各種食物的 GI 值（升糖指數）。取自 http://www.hkariix.com/pdf/GI_chart_TC.pdf

　　因此，多攝取低 GI 飲食遂成為減肥的另一個重要法則。至於，低 GI 飲食的特性有哪些呢？通常低 GI 飲食擁有以下重要的食物特性。

（一）醣類含量低

　　食物中的碳水化合物含量越多，升糖指數就越高，特別是精製的白麵包、白飯、白砂糖等。醣類的含量多寡是直接影響 GI 值大小的主要因素，例如，香蕉所含的醣類比草莓多，因此，GI 值就會較高。

（二）不容易消化

　　磨細、切碎與煮透的食物，較易被消化及吸收，其升糖指數較高；同樣的食物但經由不同的烹調方式，也會影響 GI 值，例如，乾飯比稀飯不易消化，GI 值較低。

（三）纖維量含量高

　　一般來說，由於蔬菜的纖維質較高，GI 值普遍較低，但是澱粉類的蔬菜則除外，例如馬鈴薯、番薯等這些食物富含澱粉，因此，GI 值仍較高。纖維量越高升糖指數越低，例如多數全麥食物及蔬菜。

（四）脂肪、蛋白質含量高

　　GI 值和脂肪、蛋白質含量無關，因此，牛奶、乳酪等這些食物，所含的蛋白質、脂肪較高，而醣類含量相對較低，因此仍屬低 GI 值的食物。

　　低 GI 值飲食法對減肥有什麼好處？醫學上已經證實，低 GI 減肥法對減肥者有兩個好處：

1. 可以降低體內胰島素分泌，進而減少脂肪屯積。

2. 可以增加飽足感不容易飢餓。

三、地中海飲食
(Mediterranean Diet)

地中海飲食是一種地中海周圍國家（西班牙、義大利、希臘…等）的傳統飲食方式。地中海飲食的概念是在西元 1958 年，美國生物學家 Dr. Ancel Benjamin Keys 在他著名的七國研究(The Seven Countries Study)中所提出的概念。他觀察到居住在環地中海的居民罹患心血管疾病的比例較當時美國人低，於是他假定這個現象和飲食與生活習慣有關。有系統性回顧文獻比較地中海、低脂、低碳水化合物飲食，一年後發現地中海飲食減重效果較佳，但血壓、血糖、血脂等心血管危險因子的降低和其他飲食相近。地中海型飲食有許多特徵，包括高量攝取蔬菜、豆類、水果、及（未研磨）穀類、中度至高量攝取魚類、不飽和脂肪類（特別是橄欖油）、減少攝食飽和脂肪食物；少量至中度攝取乳製品（大部分是優格及乾酪）；減少攝食肉類，中量攝取酒類（大部分是紅酒）等等。

地中海式飲食特點：

1. 非精緻的全穀根莖類為主食

未精製全穀根莖類供身體所需的能量以及豐富的維生素 B 群、維生素 E、礦物質及膳食纖維等。全穀類包括：糙米、胚芽米、全麥、全蕎麥或雜糧等及其製品；根莖類包括番薯、馬鈴薯、芋頭、南瓜、山藥、蓮藕等。

2. 大量攝取新鮮蔬菜、水果

蔬果中含有豐富的纖維質、抗氧化物質、葉酸及鉀，也含有豐富具防癌抗癌的植物素、花青素等，這些成分能保護心臟血管、預防大腸癌、降低腦中風的罹患率、預防老人失智。

3. 優質的油脂選擇

　　低溫烹調用油選擇以單元不飽和脂肪酸(MUFA)含量高者為主，如：橄欖油、花生油、苦茶油、紅花油、芥花油等，又 omega-3 脂肪酸（存在於魚、植物油）有助於心臟血管，避免飽和脂肪（在室溫呈固態的油脂都屬於飽和脂肪），例如：豬、牛油烹調或是糕餅類食物所用的人造奶油，這些含高量飽和脂肪會提高 LDL（壞的膽固醇）及三酸甘油酯，降低 HDL（好的膽固醇），進而增加心臟血管疾病及糖尿病的罹患率。

4. 選用中小型深海魚類

　　中小型深海魚類具有降血脂，預防動脈粥狀硬化、心血管疾病以及阿茲海默氏失智症功能。少吃紅肉（豬、牛、羊），避免膽固醇及飽和脂肪酸攝取過多造成心血管疾病。

5. 牛奶及乳酪等奶製品（每天 1~2 杯）

　　選擇低脂、脫脂牛奶，或者富含乳酸菌的無糖優酪乳為佳。

6. 每日 1 小杯紅酒

　　紅葡萄酒富含白藜蘆醇，具抗氧化作用，能降血壓和血脂，需注意勿過量，有些慢性病患者則不宜飲用。

四、LEARN 減肥法

　　此行為減重法乃是由美國賓州大學醫學院(Perelman School of Medicine at the University of Pennsylvania)教授 Albert J. Stunkard 所提出的行為改變療法，稱之為「LEARN Program for Weight Management」，運用在減肥上可作為良好減重計畫的模式。

LEARN Program 的內容包含了五大概念的全方位健康減重療法，分別是 L：生活型態(life style)，E：運動(exercise)，A：態度(attitude)，R：人際關係(relationship)，N：營養(nutrition)。

1. 生活型態(Life Style)

修正錯誤的生活型態與習慣，導入健康良好的生活行為。肥胖者往往有三餐不正常、飲食過當、零食習慣、外食過多、宵夜等不良生活型態，針對上述行為作全盤的調整與修正，是為減肥的第一要務。所以必須養成控制飲食的質與量、避免零食、減少外食機會、記錄每日飲食等良好生活型態，是為減重的首要任務。

2. 運動(Exercise)

適度與規律的運動習慣，是減肥方法中積極且正面的行為。藉由運動可以幫助減重者消耗熱量、增加肌肉、提高基礎代謝、身體更健康，同時還有降低焦慮、憂鬱而獲得心理愉悅治療效果。

3. 態度(Attitude)

建立一個堅定有力的態度與強化減肥的內在動機，是邁向減肥成功的關鍵之一。確定目標而努力，提醒自己是為了身體健康、外表美觀、增進信心等動機而實行；定期量體重、照鏡子、穿合身衣著、與朋友共享經驗等。讓自己處在一個正向與鼓勵的環境跟態度中，則減重成功的機率大升。

4. 人際關係(Relationship)

減重的過程中，因為生活的調整、修正與時間漫長，所以需要重要他人的支持。結合家人、親人、朋友、重要友人等的支持，甚至是邀集一同加入減重的行列，可以協助減肥者增進信心與堅持努力的目標。

5. 營養(Nutrition)

　　第五要點是知識性的學習，也是減重行為裡重要的基礎。瞭解營養素與食物的來源，可以幫助減重者選擇正確且健康的食物，同時也可以調整飲食、拒絕高熱量低營養的食品。學習熱量的計算與正確的食物代換量估算，可以讓減重者確實掌握飲食的品質與熱量的控管，更進一步享受減重成功的果實。

動動腦時間

8. 「限制熱量且均衡的飲食」(calorie-restricted balance diet)，此種飲食應含_____%的蛋白質，_____%以下的脂肪，其餘的熱量以_____供應。

9. 減重不宜太快，以每週減少_____公斤為原則，初期體重減少主要是_____，必須長時間才可見到減肥效果。

10. 醫學上已經證實，低 GI 減肥法對減肥者有幾種好處？並請分述如下。

　　答

單元活動

1. 分組探討肥胖相對於疾病的危險相關。

2. 分組利用器材（量高器、體重機、皮尺、皮脂夾、電阻式體脂機）檢測各組成員，製成身體組成評估紀錄（含 BMI、腰臀圍比、體脂肪百比等）。

3. 討論造成肥胖的可能成因。

4. 分組討論飲食控制計畫。

5. 寫出一週飲食記錄單，並逐項討論。

課後複習

(　) 1. 人體的「必需脂肪」是正常生理作用所需要的，其多餘的則稱為　(A)保護性脂肪　(B)內臟脂肪　(C)儲存性脂肪　(D)以上皆是。

(　) 2. BMI 值 26 是屬於　(A)體重過輕　(B)體重過重　(C)健康狀態　(D)肥胖。

(　) 3. 極被重視的「代謝症候群」(metabolic syndrome)之首要指標是　(A)腰圍　(B)BMI　(C)體脂率　(D)皮下脂肪。

(　) 4. 水中稱重法是根據　(A)歐幾理得原理　(B)畢氏定理　(C)體重　(D)以上皆非。

(　) 5. 成年男性體脂率的臨界值為　(A)40%　(B)30%　(C)20%　(D)25%。

(　) 6. 成年女性體脂率的臨界值為　(A)40%　(B)30%　(C)20%　(D)25%。

(　) 7. 何者非人生長過程中脂肪細胞數目的快速增生期？　(A)青春期　(B)分娩前三個月　(C) 30 歲以後　(D)以上皆非。

(　) 8. 人體熱量消耗的最主要途徑為　(A)運動　(B)睡眠　(C)基礎代謝率　(D)以上皆是。

(　) 9. 國健署對於添加糖攝取量不宜超過總熱量的　(A)15%　(B)20%　(C)10%　(D)16%。

(　) 10. LEARN Program 的全方位減重療法，其中的 R 是指　(A)營養　(B)運動　(C)態度　(D)人際關係。

解答：

1.C　2.B　3.A　4.D　5.D　6.B　7.C　8.C　9.C　10.D

📖✏ 參考文獻

Clinical Dietitians, Food & Nutrition Services, UC Davis Medical Center. (2006, March). *Helpful Guidelines for Successful Weight Loss*. Retrieved from http://www.ucdmc.ucdavis.edu /transplant/posttransplant/post_weight_loss.pdf

Jackson, A. S., & Pollock, M. L. (1978). Generalized equations for predicting body density of men. *British Journal of Nutrition*, 40, 497-504.

Jackson, A. S., Pollock, M. L., & Ward, A. (1980). Generalized equations for predicting body density of women. *Medicine and Science in Sports and Exercise*, 12, 175-182.

Kelly, B. (2004). *The Learn Program for Weight Management*. USA: American Health Publishing Company.

Lewis Psychology. (n.d.). *CBT Weight Loss Programme.* Retrieved from http://www.lewispsy.org.uk/services/cbt_weight_loss_progra mme/

Virtual Medical Centre. (2014, March). *Cognitive behavioral therapy for weight loss*. Retrieved from http://www.myvmc.com /treatments/cognitive-behavioural-therapy-for-weight-loss-cbt/

Werner, W. K. H., & Sharon, A. H. (2004). *體適能與全人健康的理論與實務*（方進隆、李水碧譯）・新北市：藝軒圖書出版社。（原著出版於 2003）

中華民國有氧體能運動協會(1998)・*體適能指導手冊*・192-199。

行政院公報資訊網（2014，5 月 28 日）・*國民體適能檢測實施辦法*・取自 http://gazette.nat.gov.tw/EG_FileManager/eguploadpub/eg020099/ch05/type1/gov40/num11/Eg.htm

林錦華(2011)・糖尿病低升糖指數之飲食・*PDCA 季刊*，19。

黃伯超、游素玲(2010)・*營養學精要*・臺北市：華香園。

衛生福利部國民健康署（2010，1 月 27 日）・*苗條健康 缺一不可*・取自 http://health99.hpa.gov.tw/txt/PreciousLifeZone/PreciousLife_detail.aspx?topicno=612&DS=1-life

衛生福利部國民健康署（2014，7 月 23 日）・*正確飲食習慣*・取自 http://obesity.hpa.gov.tw/web/content.aspx?NO=31

衛生福利部國民健康署（2014，9 月 4 日）・*102 年死因統計*・取自 http://www.mohw.gov.tw/cht/DOS/Statistic.aspx?f_list_no=312&fod_list_no=5150

衛生福利部國民健康署（無日期）・*健康體重管理計畫*・取自 http://obesity.hpa.gov.tw/web/list.aspx?no=586

衛生福利部國民健康署（無日期）・*健康體能的評量*・取自 http://obesity.hpa.gov.tw/web/content.aspx?NO=598&PAGE=1

衛生福利部國民健康署（無日期）・*體重過重或肥胖對健康的影響？*・取自 http://obesity.hpa.gov.tw/web/content.aspx?T=C&no=242

謝明哲等(2012)・*實用營養學*（五版）・臺北市：華杏。

簡盟月（無日期）．*體圍測量法*．取自
　　http://www.taiwanpt.net/ptdc2.asp?mrn=1124

簡義紋、吳岱穎等(2013)．肥胖的環境與生活型態因素．*臺灣衛*
　　誌，32(2)。

動動腦解答

1. 參考表格 6-2，有填寫至三項符合即算正確。

2. (1)0.9；(2)0.8；(3)90；(4)80。

3. (1)2/3；(2)皮脂厚度；(3)百分比。

4. (1)7 處；(2)a. 肱三頭肌；b. 胸部；c. 肩胛下方；d. 腸骨上方；
   e. 腹部；f. 大腿前側；g. 小腿。

5. (1)10~20%；(2)15~25%；(3)25%；(4)30%。

6. (1)脂肪細胞數增加；(2)脂肪細胞肥大。

7. (1) 三 ； (2) 基礎代謝率 ； (3)60~75% ； (4) 身體活動量 ；
   (5)15~30%；(6)食物的熱效應；(7)10~15%。

8. (1)12~14；(2)30；(3)多醣類。

9. (1)0.5~1；(2)水分流失。

10. (1)2；(2)a. 可以降低體內胰島素分泌，進而減少脂肪屯積；b.
    可以增加飽足感不容易飢餓。

第 **7** 章

身體組成管理的
理論與實務(二)

Physical Fitness and
Health Promotion

第一節　每日熱量需要量的計算

　　在實際進行體重控制（或身體組成管理）的過程中，有幾項重要內容與步驟是亟需瞭解的，才能幫助吾人在計畫執行時得收事半功倍之效。這些內容包含了理想體重、基礎代謝率、身體活動量、攝食產熱效應等的計算。

一、理想體重的計算

　　理想體重是個人維持良好身形與保持健康狀態的基本要求，依據衛生福利部國民健康署的計算方法有：

（一）依身高換算

1. 男：（身高－80）×0.7±10%；女：（身高－70）×0.6±10%。

   例：男生身高 180 公分、女生身高 170 公分。

   男生：(180－80)×0.7=70 公斤（±10%的空間分布），

   理想體重範圍則為 63~77 公斤。

   女生：(170－70)×0.6=60 公斤（±10%的空間分布），

   理想體重範圍則為 54~66 公斤。

2. 男：（身高－170）×0.6＋62±10%；女：（身高－158）×0.5＋52±10%。

   例：男生身高 180 公分、女生身高 170 公分。

   男生：(180－170)×0.6＋62=68（±10%的空間分布），

理想體重範圍則為 61.2~74.8 公斤。

女生：(170－158)×0.5＋52=58（±10%的空間分布），

理想體重範圍則為 52.2~63.8 公斤。

（二）依身體質量指數(BMI)換算

正常 BMI 值分布於 18.5~24。

理想體重範圍應該分布於身高^2×(18.5~24)。

例：男生身高 180 公分、女生身高 170 公分。

男生：1.8×1.8×(18.5~24)=59.94~77.76，

理想體重範圍則為 59.94~77.76 公斤。

女生：1.7×1.7×(18.5~24)=53.465~69.36，

理想體重範圍則為 53.465~69.36 公斤。

綜合以上所述，經計算求得理想體重的範圍之後，

配合飲食、運動、行為改變等，朝向理想目標努力而實行。

二、基礎代謝率
(Basal Metabolic Rate, BMR)

　　個人一天內基本所需消耗的熱量即稱為基礎代謝率，也就是為維持人體一天最基本的體能消耗而最少需要吸取的熱量，也就是維持生命所需的最低標準，其中包括維持身體內各個器官的活動、腺體的分泌、神經及細胞的正常運作。

基礎代謝率的測得，是使一個人在適當環境中（室溫 20~25°C）清醒、靜臥，並在吸收後期（即禁食 12 小時後）的情況下（一般以早晨空腹時進行測量最佳），利用呼吸熱量計，測量 6 分鐘內氧氣之消耗量，乘以 10，算得 1 小時內氧氣消耗量，再以每公升氧氣乘以 5 Kcal（或有學者認為每公升氧氣相當於 4.825 Kcal 或 4.924 Kcal）的熱量，即為基礎代謝量；亦即測得並換算其每小時每公斤體重所消耗的熱量，再以體重乘以 24 小時便得其每日基礎代謝率。

基礎代謝率的高低會隨著年齡的增長而逐漸下降，一般來說，嬰兒時期的基礎代謝率相當高，到了孩童時期會下降，而到了成人之後便會漸趨穩定。成人在 18~25 歲階段是基礎代謝率最高的時候。25 歲之後，基礎代謝率便會趨緩下降，約是以每十年 5~10％的速率降低。

由於要直接測量基礎代謝率有其客觀條件的困難，通常我們會使用替代的換算公式來計量。以下為基礎代謝率的簡易換算公式：

（一）Harris Benedict Equation (HBE)

1919 年由 Harris 及 Benedict 所創，此計算公式的受試對象為西方人士，若以亞洲人而論，其估算值屬於略為偏高。

BMR（男）＝（13.7×體重（公斤））＋（5.0×身高（公分））－（6.8×年齡）+66

BMR（女）＝（9.6×體重（公斤））＋（1.8×身高（公分））－（4.7×年齡）+655

範例 7-1

　　男生 30 歲，180 公分、體重 70 公斤。

　　女生 30 歲，身高 170 公分、體重 50 公斤。

—解答

男生：BMR=(13.7×70)+(5.0×180)−(6.8×30)+66=1721（大卡）

女生：BMR=(9.6×50)+(1.8×170)−(4.7×30)+655=1300（大卡）

（二）簡易估算法

　　為了方便估算，通常以一個正常人每小時每公斤體重所需的熱量推估約為一大卡（實際為 0.8~1.43 大卡）；另外需要考慮性別的差異（所以女生的部分必須乘以 0.95）以及扣除掉睡眠時期 BMR 較清醒時低 10%。

範例 7-2

　　男生體重 70 公斤；女生體重 50 公斤。

—解答

男生：70×1×24=1680，扣除睡眠期間的 10%：1680×8/24×10%=56

BMR=1680−56=1624（大卡）

女生：50×0.95×24=1140，扣除睡眠期間的 10%：1140×8/24×10%=38

BMR=1140−38=1102（大卡）

三、身體活動量
(Physical Activity, PA)

身體活動是指身體藉由骨骼肌的收縮並消耗能量的各類活動，在概念上可將其分類為「工作相關的身體活動」(work-related physical activity)與「休閒生活相關的身體活動」(leisure time physical activity)；不論是工作或是休閒時間，藉由肌肉收縮來完成當日既定事項或活動，皆可視為身體活動的一部分。因此，包含家務、工作、行動交通、運動訓練以及休閒時從事的活動等皆屬之。

Caspersen, Powell & Christenson (1985)則認為，身體活動是指骨骼肌收縮與伸展所產生的身體動作，造成熱量的消耗；閒暇時間的身體活動和運動都是身體活動的一部分，前者是指個人工作以外的活動，快樂的走步或家裡的庭院工作可以說是最普遍的閒暇活動，運動是指一種有計畫、有組織、反覆的、有目的的維持或促進體適能的身體活動。

從事身體活動時，能量消耗的大小程度即稱之為身體活動量；身體活動量越大，身體所消耗的能量越多，儲存體內的能量也就越少，達到能量供給之平衡。影響身體活動量的要素，分別為活動型態、活動強度、活動的持續時間等（表 7-1）。

事實上要正確估算身體活動量確實不易，必須確實登錄每日的身體活動內容，包括活動項目、活動時間、活動強度等；活動強度更是不易估算的一項。是故，有一簡易的計算方式，亦可作為身體活動量的估算。即是利用工作程度分類熱量表來估算；依工作的活動程度區分為輕度、中度及重度三類，分別給予不同程度的熱量消耗（表 7-2），依此來計算身體活動量。

表 7-1　身體活動熱量換算表（運動 30 分所消耗的熱量，單位：大卡）

運動項目 ＼ 體重	50 公斤	55 公斤	60 公斤	65 公斤	70 公斤
伸展運動	63	69	75	81	87
騎腳踏車（8.8 公里／小時）	75	82.5	90	97.5	105
走路（4 公里／小時）	77.4	85.2	93	100.8	108.6
高爾夫球	92.4	101.7	111	120	129.6
保齡球	99.9	110.1	120	129.9	140.1
快走（6 公里／小時）	110.1	120.9	132	143.1	153.9
划船（4 公里／小時）	110.1	120.9	132	143.1	153.9
有氧舞蹈	126	138	150	162	177
羽毛球	127.5	140.4	153	165.9	178.5
排球	127.5	140.4	153	165.9	178.5
乒乓球	132.6	145.8	159	172.2	185.4
網球	155.1	170.4	186	201.6	216.9
溜直排輪	201	219	240	261	279
跳繩（60~80 下／分鐘）	225	247.5	270	292.5	315
慢跑（145 公尺／分鐘）	235	258.5	282	305.5	329
拳擊	285	313.5	342	370.5	399
蛙式游泳	297	324	354	384	414
自由式游泳	435	480	525	567	612

資料來源：　衛生福利部國民健康署健康九九網站（2014，4 月 24 日）。
國人身體活動建議量。取自 http://health99.hpa.gov.tw/Article/
ArticleDetail.aspx?TopIcNo=827&DS=1-life

範例 7-3

男生搬運工，體重 70 公斤，女生公司職員，50 公斤。

解答

男生的 PA：70×45×8/24=1050（大卡）

女生的 PA：50×30×8/24=500（大卡）

（男生搬運工屬於重度工作者，而女生辦公室職員屬於輕度工作者；因為以每日工作 8 小時為基準，所以必須以 8 小時除以每日 24 小時）

表 7-2　不同工作程度分類的熱量需要量表

工作程度	工作內容	熱量需要量（大卡／公斤體重）	
		女性	男性
輕度工作	大部分從事靜態或坐著的工作	30 大卡	35 大卡
中度工作	例如：家庭主婦、坐辦公室的上班族、售貨員家務或辦公桌工作者	35 大卡	40 大卡
重度工作	從事機械操作、接待或家事等站立活動較多的工作	40 大卡	45 大卡

資料來源：　衛生福利部國民健康署（2013，7 月 23 日）．如何計算一天所需熱量？．取自 http://obesity.hpa.gov.tw/web/content.aspx?T=C&no=256

四、攝食產熱效應
(Diet Induced Thermogenesis, DIT)

或有稱為食物生熱效應(thermogenic effect of food, TEF)者；係指身體攝取食物之後，體內開始對於食物進行消化與吸收等作用，

進而轉為儲藏及代謝，這些作用過程是需要身體消耗能量的。例如合成或分泌消化液或膽汁，用於消化食物、吸收、運送、儲存、營養素間的轉化以及代謝等。攝取的食物中以蛋白質類食物最耗能量，其次為脂肪，醣類最少；分別為 30%，4~14% 及 6~7%。

混合食物的 DIT 比單獨攝取時的平均值來得低，例如醣類與脂肪混合食用時，DIT 約為 5%；據 Forbes 的報告，蛋白質的 DIT 很高，然而會因與其他食物混合食用導致降低，尤其以脂肪的降低效力最大。由 DIT 所產生的熱，供做升高體溫之用，所以吃過食物之後的體溫，較飢餓時稍高。攝食產熱效應通常占一日總熱量的 1/10，計算公式為：DIT＝(BMR＋PA)×10%。

五、每日熱量消耗量
(Total Energy Expenditure, TEE)

一個成人的每日熱量消耗量，包含了三大部分，即基礎代謝率、身體活動量及攝食產熱效應。從事身體組成管理或體重控制時，必須先計算出個人的每日熱量消耗量(TEE)，再配合飲食的熱量控制與運動的熱量消耗，以能量負平衡（減重）的狀態：亦即攝取熱量少於消耗熱量，來達成計畫目標。

計算公式為：TEE=BMR+PA+DIT。

範例 7-4

男生搬運工，體重 70 公斤，女生公司職員，50 公斤。

試計算兩位的每日熱量消耗量。

解答

男生基礎代謝率計算：

70×1×24=1680，扣除睡眠期間的 10%：1680×8/24×10%=56

BMR=1680－56=1624（大卡）

身體活動量計算

PA=70×45×8/24=1050（大卡）

攝食產熱效應計算

DIT=(1624+1050)×10%=267.4（大卡）

TEE=1624+1050+267.4=2941.4（大卡）

女生基礎代謝率計算：

50×0.95×24=1140，扣除睡眠期間的 10%：1140×8/24×10%=38

BMR=1140－38=1102（大卡）

身體活動量計算

PA：50×30×8/24=500（大卡）

攝食產熱效應計算

DIT=(1102+500)×10%=160.2（大卡）

TEE=1102+500+160.2=1762.2（大卡）

動動腦時間

1. 成人在＿＿＿＿至＿＿＿＿歲階段是基礎代謝率最高的時候。
　　＿＿＿＿歲之後，基礎代謝率便會趨緩下降，約是以每＿＿＿＿年
5~10%的速率降低。

2. 簡易換算基礎代謝率的公式分為兩種，請寫出為哪兩種。哪一
種在換算亞洲人數值時會有數值偏高的情形？

3. 攝取的食物中以_____食物最耗能量，其次為_____，
_____最少；分別為_____%，_____%
及_____%。

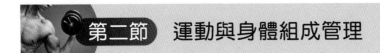
第二節　運動與身體組成管理

　　身體組成的管理，即是對於身體脂肪組織與非脂肪組織的比率
控制；增加肌肉質量（非脂肪組織）同時減少脂肪組織量，才是身
體組成管理的重要目的。因為體重所顯示的數據最易取得，一般而
言，坊間的說法大都以體重控制為名。體重控制的最基本原則是管
理熱量的攝取與消耗，熱量的攝取主要來自於日常的飲食，每日所
食用的食物與飲料皆是熱量的來源；而熱量的消耗則是為基礎代謝
率、身體活動量與攝食產熱效應三者。體重過重(overweight)與肥胖
症(obesity)患者的減重原則，必須使熱量的攝取與消耗之間產生能量
負平衡，意即需使得熱量的攝取值小於消耗值，才能有效達成減重
的目的。

　　運動屬於身體活動量的一部分，透過有系統、有計畫、有方法的設計，以達到熱量消耗的成果，進而完成減重的目的。換言之，經由完善規畫與設計的運動內容，將可以達到大量消耗熱量的效果，在減重的方法上是屬於主動與積極的，此外許多研究也指出，運動還具有提升身體機能、改善身體素質與抗焦慮憂鬱等的效果；確實在減重行為中具有其重要地位。

一、運動的成效

　　瞭解運動對減重的重要性，擬定適合自己的運動計畫，以循序漸進方式慢慢增加運動量。運動在減重過程中之重要性包含了有消耗能量、抑制食欲的作用、減輕或控制危險健康因子、減少淨體重的流失及改變心理狀態等功效。

1. 提升胰島素敏感度

　　研究指出，長期的規律性運動有助於提升胰島素敏感度，進而改善葡萄糖耐受度。規律的運動會減少體內多餘的脂肪和減輕體重，而過多的脂肪和體重會妨礙身體細胞對胰島素的敏感度。長時間的運動必須消耗肝糖以及葡萄糖，經長期運動訓練後，肌肉量的增加能提高身體的葡萄糖吸收能力和肌肉肝醣的儲存量。

　　簡單地說，規律運動會增加體內對碳水化合物的需求，使血糖能維持更恆定的狀態，由於細胞對胰島素的結合增加，更能促進葡萄糖的利用與處理，另外經由運動訓練可增加肌肉肝醣的儲存量，能提供血糖下降時所需的儲備碳水化合物，進而有助於血糖的調整。

2. 運動消耗熱量

　　運動可以多消耗身體的能量：運動可以使身體消耗比平常休息時還多的能量，藉由運動消耗熱量著實為一種健康的好方法，除在運動過程中得以消耗熱量外，運動結束後，身體一直維持比一般休息時還高的代謝率，這段期間身體的能量消耗會提高，還可持續消耗熱量（大約 6~8 小時）。

3. 運動有抑制食欲的效果

　　根據實驗研究，不論以動物或人作受試者，運動會減弱食欲（卓俊辰，1999）。早在 1954 年，曾證實老鼠食量減少，體重也減輕了。後來，更多類似的研究，更進一步證實這種結果。甚至，以人作受試對象，結果亦不例外。

　　國內外的研究皆指出，運動可以影響兩種激素的分泌，即飢餓激素(ghrelin)跟飽感激素(peptide YY)；激烈運動會抑制飢餓激素的分泌，使運動者沒有飢餓感；同時，運動會增加飽感激素的分泌，亦使運動者食欲減低。

　　另外也發現，長時間有氧運動對降低食欲的效果，比無氧運動來得好。總而言之，運動可降低食欲，有助於避免因飲食過量所帶來的肥胖威脅。

4. 運動在減肥效果上

　　可以擴大脂肪的消耗，減少非脂肪成分的流失。就體重控制而言，體重減輕(weight loss)與脂肪減少(fat loss)並非完全相同的意義（卓俊辰，1998）。以身體組成管理的觀點來說，減去脂肪才是吾人需要的，若能同時保留或者增加肌肉組織，更是為我們所樂見。利用運動的方法，尤其是從事中低強度而長時間的有氧運動時，身體

不但能利用碳水化合物燃燒作為能量，也會利用脂肪酸氧化產生能量；這對於減去不需要的脂肪組織，具有很好的成效，同時也可以在適當肌肉強度訓練中，保留或甚至增加了我們需要的肌肉組織。

5. 運動有助於預防擴增成年前脂肪細胞數目

除此之外，運動也可以促使成人脂肪細胞尺寸(fat cell size)縮小（卓俊辰，1988）；成人前的脂肪細胞數目(number of fat cells)激增與成人後的脂肪細胞尺寸變大，乃是肥胖的主因；因此，運動的習慣應該從小養成，先預防早期脂肪細胞數目的擴增；成人也一樣要有規律運動的作法，可以減少脂肪細胞的尺寸，以達到體重控制的目的。

6. 運動可增加肌肉組織的質量

肌肉量高，細胞質組織總量亦高，所以 BMR 越高，因此便能提升基礎代謝率。提升的基礎代謝率，正是幫助身體消耗更多熱量的途徑。

7. 運動能改善心理狀態

研究指出，運動可以減輕／緩和憂鬱及焦慮(Biddle et. al., 2000)，圖時運動對於憂鬱症患者的效果相當於心理治療的效果(Lowlor et. al., 2001)。有過運動經驗的人都知道，運動可以降低焦慮、放鬆情緒。研究指出運動會藉由對自我概念及自尊的調節效果增進自信心。這一點對於正在進行體重控制者尤其重要，因為減重過程中，身心往往處在比較低落的狀態，尤其是以節食作為手段者，更會因為飢餓感導致心理、情緒不安。因此，理想的體重控制計畫中加入規律的運動內容，更是有利於達成減脂、減重的目標。

表 7-3　運動減重與節食減重的比較

項目	運動減重	節食減重
能量消耗	增加熱量消耗	減少熱量攝取
減重效果	短時間不易呈現效果	短時間極有效果
身體組成	減少脂肪，維持或增加肌肉質量	同時減少脂肪與肌肉質量
生理機能	促進健康，增強體能	無法增進體能或健康
態度	積極與鼓勵	消極、限制與剝奪
代謝	增加基礎代謝率	減低基礎代謝率
心理反應	改善心理壓力、焦慮、沮喪、身體形象和自尊	無法改善心理壓力、焦慮、沮喪、身體形象和自尊

二、運動能量系統

　　藉由運動的執行以達成身體組成管理的理想目標，表示透過運動可以消耗體內的能量。人體在運動的過程中，因為運動的形式與強度不同，所用以作為能量的來源也有所不同。一般而言，人體運動的能量系統可分為無氧及有氧兩類，無氧的系統中又有兩種管道以提供身體能量，本節將加以說明如下。

（一）無氧運動(Anaerobic Exercise)

　　是指在劇烈運動時，體內處於暫時缺氧狀態，在缺氧狀態下體內能源物質的代謝過程。無氧代謝能夠在短時間內不需要氧氣的狀態合成 ATP，無氧運動大部分是運動強度高、瞬間性快速的運動，所以很難持續較長時間，而且恢復疲勞花的時間也長。在生理學上，運動按能量供給來源，磷化物系統、乳酸系統屬無氧系統。以跑步為例，短跑衝刺（一百公尺短跑）為磷化物系統，八百公尺跑則為乳酸系統。

1. 磷化物系統(ATP-CP)系統：一般可維持 10 秒肌肉活動。

2. 乳酸能系統：一般可維持 1~3 分鐘的肌肉活動。

（二）有氧運動(Aerobic Exercise)

　　有氧運動就是指運動中能量的來源大部分來自於有氧代謝，是身體在氧氣供需足夠的情況下，所從事大肌肉、長時間且有節奏的運動。通常，有氧運動屬於中、低強度運動，持續時間比較長。有氧運動的形式有很多，如快走、慢跑、健身操、游泳、騎自行車和各種跑步機、自行車、登階機等。有氧代謝則包括下列三個步驟：

1. 糖解作用

　　在細胞質內進行，將葡萄糖分解，產生 2 丙酮酸。

2. 克氏循環（檸檬酸循環）

　　在粒線體內進行。

(1) 丙酮酸分解，產生乙醯輔酶 A。

(2) 乙醯輔酶 A 進入克氏循環。

3. 電子傳遞鏈

　　在粒線體內進行，糖解作用及克氏循環產生的 NADH 及 $FADH_2$ 經過粒線體內膜上電子載體的傳遞釋出能量合成 ATP。

表 7-4　運動能量系統

人體運動的能量系統分為下列三種				
提供能量機轉	食物與化學燃料	是否需氧	ATP 形成的量	供能速度
ATP-CP	CP	無	少量有限	最快
乳酸系統 （醣酵解系統）	葡萄糖	無	少量有限	其次
有氧系統	醣、脂肪、蛋白質	有	多量無限	最慢

三、運動與能源

　　以中低強度的有氧運動為例，當開始運動時，體內能源消耗的主要是以肌肉中的肝醣為主，其次為血液中的葡萄糖（當血液中葡萄糖耗竭時，則肝臟中的肝醣分解成葡萄糖，進入補充），以及少量血液中的中性脂肪（即三酸甘油酯）。換言之，也就是肌肉在運動中並非只消耗一種能源而已，而是同時消耗許多種能源，其中消耗量最多的就是醣類。

　　初期主要以消耗醣類為主，脂肪為輔；當運動時間超過大約 20 分鐘後，醣類開始不足時才慢慢轉變成以脂肪為主，醣類為輔；運動時間持續增長，脂肪的消耗比例會越來越高，相對地，醣類則會越來越少。

動動腦時間

4. 一般而言，人體運動的能量系統可分為_____及_____兩類，_____的系統中又有兩種管道以提供身體能量。

5. 運動在減重過程中之重要性包含了哪些功效？

    答

6. 有氧代謝包括哪三個步驟？

    答

第三節　身體組成管理的重要概念

首先，我們需要建立一個更新與更正確的身體組成概念，意即管理個人身體組成的目的，主要在於減少身體脂肪組織的量，不僅單純只是在乎體重的多寡；因為身體脂肪含量的高低，才是影響健康的重要指標。

本節將就幾個重要的身體組成管理概念予以說明；除了修正過往混淆錯誤的觀念外，同時俾利於身體組成管理的精進成功。

一、熱量與體重

根據研究指出，減去一公斤體重（含脂肪與醣類）需要燃燒約 7000~7700 大卡的熱量。再依美國運動醫學會(ACSM, 1991)的建議，

認為理想之減重計畫應配合飲食與運動（每日的運動要消耗 300 大卡以上的熱量），每週減少的體重最多不能超過一公斤。依此我們可以估算出熱量與體重間的關係而能安全且有效的控制體重。

範例 7-5

　　7000~7700 大卡 ＝ 1 公斤體重。

　　試以低水準值（7000 大卡 ＝ 1 公斤體重）估算

解答

1. 運動消耗 300 大卡，飲食減少 200 大卡；則每日減少 500 大卡。

　　500（大卡）×14（天）＝7000（大卡）約等於 1 公斤

　　則 2 週，可以減去 1 公斤體重。

2. 運動消耗 600 大卡，飲食減少 400 大卡；則每日減少 1000 大卡。

　　1000（大卡）×7（天）＝7000（大卡）約等於 1 公斤

　　則 1 週，可以減去 1 公斤體重。（符合 ACSM 減重建議）

二、運動強度的選擇

　　呼吸交換率(respiratory exchange ratio, RER)係指人體參與運動時的肺部氣體交換狀況，意即肺部氣體交換時的二氧化碳增加量除以氧氣消耗量所得。在運動生理學上，可以依據肺部的氣體交換，評量出運動過程中能量消耗的屬性。

　　一般而言，人體安靜休息時的 RER 約 0.82、在極低強度（散步、慢跑、輕鬆騎車）運動時的 RER 約為 0.75~0.80 之間，當接近最大運動時的 RER 約等於 1。

也就是說，人體在低強度運動狀態下，脂肪參與提供能量的比例較高，隨著運動強度的增加，RER 也隨著上升，葡萄糖參與提供能量的比例也增加；在最大運動狀態下，則幾乎皆以葡萄糖提供能量。當 RER=0.85 時，葡萄糖與脂肪各提供一半的身體能量需求（王順正，1999）。國內學者王順正(2004)提出，在中等強度運動時的脂肪代謝量最多；在低強度下運動時，脂肪參與能量代謝的比例雖然比高強度時還高，但是低強度運動時的攝氧量相對地也比較低；從事中強度運動時，一方面促使脂肪代謝參與，另一方面攝氧量亦升高，故會有較多的脂肪燃燒。

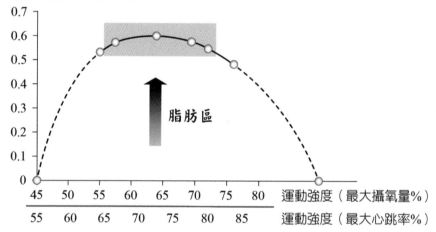

此表呈現的是運動強度與（使用最大心跳率(%)及最大攝氧量(%)來表示）脂肪燃燒的關係。當運動強度從低開始平穩提升時可增加脂肪的燃燒，當增加到脂肪最大代謝率的頂點後若再進一步增進運動強度反而將降低脂肪的燃燒。在表上呈現灰色的脂肪區域表示：在此一範圍內的運動強度可達至最大程度脂肪的燃燒。

🏋 圖 7-1　運動強度與脂肪氧化

資料來源：　SPORTS PERFORMANCE BELLETIN (n.d.). *Fat Burning: using body fat instead of carbohydrates as fuel.* Retrieved from http://www.pponline.co.uk/encyc/fat-burning-using-body-fat-instead-of-carbohydrates-as-fuel-40844#

♡ 三、運動期間能量交叉概念
(Crossover Concept)

醣類（碳水化合物）與脂肪均屬於運動時的燃料，尤其醣類更是主要的運動能量來源；利用運動的方式來作為控制體重的途徑，自然其目的是希望能消耗體內的脂肪。人體利用脂肪轉化成能量的過程非常緩慢，所以醣類始終是運動時能量來源的首選，在運動過程中，當體內的醣類存量隨著運動時間的持續延長而顯著下降時，體內則轉為必須依靠脂肪來提供能量，進而才以脂肪作為主要的燃燒原料。

高強度與短時間的運動，大多消耗體內的醣類；當處於中低運動強度之下且運動時間變長，接下來的運動所需的能量便會透過脂肪燃燒所提供，因此能夠有效地消耗體內的脂肪。在長時間參與的運動過程中，藉由脂肪酶 (lipases) 的作用，使得三酸甘油酯 (triglycerides) 被分解成甘油 (glycerol) 與游離脂肪酸，以利脂肪進行能量的代謝。例如，在低強度長時間的運動期間，血液中的腎上腺素濃度會上升，以增加脂肪酶的活性，幫助促進脂肪分解代謝作用。因而，在能量的分解代謝利用的過程中，隨著運動的持續時間之增長，促進脂肪分解的激素將逐漸地增加幫助利用脂肪為主要的能量供應來源。

至於胰島素 (insulin) 則是會在運動的過程中，抑制脂肪酶的活性，所以對於脂肪的消耗是不利的；但是在長時間的運動期間，血中胰島素濃度會因著運動時間延長，而使其濃度逐漸地下降，對於脂肪酶的活性抑制亦逐漸趨緩，此時則因為脂肪酶的活性升高，促使體內脂肪分解以參與運動能量的供應。

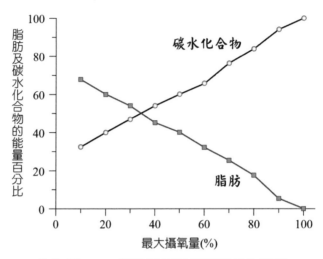

 圖 7-2 運動強度與能源燃燒的關係

資料來源： Scott, K. P., & Edward, T. H. (2009). *Exercise Physiology Theory and Application to Fitness and Performance* (7th ed.). USA:McGraw-Hill Companies.

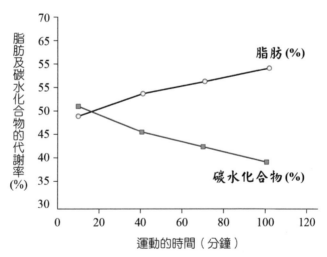

 圖 7-3 運動時間與能源燃燒的關係

資料來源： STUDYBLUE (n.d.). *CH. 4 Exercise Metabolism.* Retrieved from https://www.studyblue.com/notes/note/n/ch-4-exercise-metabolism/deck/6470647

四、局部減肥的迷思
(Myth of Spot Reduction)

綜合以上所述，身體利用運動的手段欲達成減重、減脂等目的，中等強度與長時間（20 分鐘、30 分鐘甚至更多）的有氧運動是一項理想的選擇。人體脂肪分布在全身各部位，如腹部、背部、腿部、手臂及內臟等，中強度與長時間的運動將有利於脂肪作為燃料，使體內可以減去脂肪的含量。由於脂肪是遍布於身體各部位，脂肪的燃燒乃是將三酸甘油酯分解成甘油與脂肪酸，產生能量並生成二氧化碳與水；也就是體內利用全身各部位存在的脂肪來作為燃燒原料，亦即脂肪的利用與燃燒是全身性的運用，不是局部的使用。

局部運動（例如仰臥起坐、搖呼啦圈）使用到了局部的肌肉群，由於運動過程中肌肉的阻抗作用，強化了肌纖維張力，但是能源燃料的取得亦如同上述，必須自肌肉中取得肝醣為主，其次為血液中的葡萄糖，以及少量血液中的中性脂肪；並不會因為使用局部的運動與肌肉參與，使得運動能源只消耗該局部的脂肪。

動動腦時間

7. 運動生理學上，可以依據肺部的氣體交換，評量出什麼過程中能量消耗的屬性？

答

8. 國內學者王順正(2004)提出，在_____強度運動時的脂肪代謝量最多；在_____強度下運動時，脂肪參與能量代謝的比例雖然比_____強度時還高，但是_____強度運動時的攝氧量相對地也比較低。

9. 低強度長時間的運動期間，血液中的_____濃度會上升，以增加_____的活性，幫助促進脂肪分解代謝作用。

10. 局部運動的過程中因為肌肉的什麼作用造成僅強化了肌纖維張力，故使得運動能源只消耗該局部的脂肪？

答

單元活動

1. 以個人為例，計算個人的理想體重與 BMI 值。

2. 以個人為例，計算個人的每日熱量需要量（含基礎代謝率、身體活動量計算、攝食產熱效應計算）。

3. 說明運動減重與節食減重的效果比較。

4. 各組針對減重者於一週減去一公斤，設計一運動處方。

課後複習

( ) 1. 成人基礎代謝率最高的階段是　(A)15 歲　(B)30 歲
(C)28 歲　(D)20 歲。

( ) 2. 下列何者攝食熱效應最高？　(A)麵包　(B)薯條　(C)牛排
(D)奶茶。

( ) 3. 運動減重與節食減重的效果何者快速？　(A)相同　(B)節食
(C)運動　(D)以上皆是。

( ) 4. 立定跳遠時身體採用何種能量系統？　(A)有氧系統　(B)乳
酸系統　(C)呼吸系統　(D)磷化物系統。

( ) 5. 根據研究指出，減去一公斤體重（含脂肪與醣類）需要燃
燒約　(A)6000 大卡　(B)9000 大卡　(C)7200 大卡
(D)500 大卡。

( ) 6. 國內學者(2004)提出，在何種強度運動時的脂肪代謝量最
多？　(A)高強度　(B)低強度　(C)中強度　(D)以上皆非。

( ) 7. 胰島素(insulin)在運動的過程中會　(A)抑制　(B)促進　(C)
以上皆是　(D)以上皆非　脂肪酶的活性，所以對於脂肪的
消耗是不利的。

( ) 8. 依 ACSM 的建議，每週減去的體重最多不能超過　(A)3
公斤　(B)0.5 公斤　(C)5 公斤　(D)1 公斤。

⊕解答：

1.D　　2.C　　3.B　　4.D　　5.C　　6.C　　7.A　　8.D

參考文獻

ACSM Metabolic Equations. (n.d.). *ACSM Metabolic Equations (HPRED 1410, Dr Bailey, Appendix D, Guidelines).* Retrieved from http://blue.utb.edu/mbailey/handouts/MetCalEq.htm

Bilski, J., & Mańko, G. et al. (2013). Effects of exercise of different intensity on gut peptides, energy intake and appetite in young males. *Annals of Agricultural and Environmental Medicine, 20*(4), 787-793.

Caspersen, C. J., Powell, K. E., & Christenson, G. M. (1985). Physical activity, exercise and physical fitness: definitions and distinctions for health-related research. *Public Health Reps, 100*(2), 126-131.

Ferreira, S. F. et al. (2013). Are Sedentary Women Able to Self-Select a Walking Intensity that Corresponds to Maximal Fat Oxidation (Fatmax)? *Journal of Exercise Physiology online, 16*(2). Retrieved from http://www.asep.org/asep/asep /JEPonlineAPRIL2013_Redkva.pdf

Peterson, J. A. (2008). Ten Common Mistakes Individuals Who Are Tying to Lose Weight Make. *ACSM's HEALTH & FITNESS JOURNAL, 121*(6).

Quizlet. (n.d.). *ACSM - Metabolic Calculations 1.* Retrieved from http://quizlet.com/6091429/acsm-metabolic-calculations-1-flash-cards/

Science Daily. (2008, December). *Exercise Suppresses Appetite By Affecting Appetite Hormones.* Rerieved from http://www.sciencedaily.com/releases/2008/12/081211081446.htm

Weber, J. M. (2010). Metabolic fuels: regulating fluxes to select mix. *The Journal of Experimental Biology*, 214, 286-294.

王香生(2009)・*老年人的運動與體力活動*・取自 http://www.acsm.org/docs/translated-position-stands/CT_older_adults.pdf

王順正（1999，8月）・*運動時的能量消耗*・取自 http://www.epsport.idv.tw/sportscience/scwangshow.asp?repno=21&page=1

王順正（2001，7月13日）・*運動的能量消耗評量*・取自 http://www.epsport.idv.tw/epsport/week/show.asp?repno=99

王順正（2004，1月）・*Fatmax（最大脂肪代謝量強度）*・取自 http://www.epsport.idv.tw/sportscience/scwangshow.asp?repno=156&page=1

吳宮頡、林瑞興(2012)・*長期規律運動對葡萄糖耐受度與胰島素敏感性之影響*・第五屆運動科學暨休閒遊憩管理學術研討會論文集・屏東市：屏東教育大學。

卓俊辰(1998)・健康體能與運動・*科學知識*，47，49-59。

教育部數位教學資源入口網（無日期）・*人所需的熱量*・取自 http://content.edu.tw/junior/bio/tc_wc/textbook/ch03/supply3-0.htm

許雅雯(2008)‧*運動改變雄鼠代謝相關激素分泌之年齡差異效應*‧生理學研究所碩士論文‧臺北市：陽明大學。

黃伯超、游素玲(1997）‧*公共衛生學*‧臺北市：巨流圖書公司。

衛生福利部國民健康署（2013，7 月 23 日)‧*如何計算一天所需熱量？*‧取自 http://obesity.hpa.gov.tw/web/content.aspx?T=C&no=256

衛生福利部國民健康署健康九九網站（2014，4 月 24 日）‧*國人身體活動建議量*‧取自 http://health99.hpa.gov.tw/Article/ArticleDetail.aspx?TopIcNo=827&DS=1-life

衛生福利部國民健康署（無日期)‧*健康專欄*‧取自 http://health99.hpa.gov.tw/Article/ArticleDetail.aspx?TopIcNo=827&DS=1-life3.

盧俊宏(2002)‧規律運動、心理健康和生活品質‧*國民體育季刊*，*31*(1)，60-73。

動動腦解答

1. (1)18；(2)25；(3)25；(4)十。

2. (1)Harris Benedict Equation(HBE)法及簡易估算法；(2)HBE 法。

3. (1)蛋白質類；(2)脂肪；(3)醣類；(4)30；(5)4~14；(6)6~7。

4. (1)有氧；(2)無氧；(3)無氧。

5. 消耗能量、抑制食欲的作用、減輕或控制危險健康因子、減少淨體重的流失及改變心理狀態等功效。

6. (1)糖解作用；(2)克氏循環（檸檬酸循環）；(3)電子傳遞鏈。

7. 運動。

8. (1)中等；(2)低；(3)高；(4)低。

9. (1)腎上腺素；(2)脂肪酶。

10. 阻抗作用。

第 **8** 章

老人體適能

Physical Fitness and
Health Promotion

諸多研究與醫學報告都指出，從事長期規律身體活動的老年人，例如參與有氧運動和肌肉訓練活動等，都能有效地增進個人健康，避免提早老化的產生。同時也提出許多建議，鼓勵老年人應主動從事各類型的運動，以減少罹患心血管疾病、中風、高血壓、第二型糖尿病、骨質疏鬆、肥胖、癌症、焦慮和憂鬱症的風險。根據統計指出，所有的年齡層裡就屬老年人參與運動的次數與頻率最低，另一方面卻製造了最高醫療健保的支出；為了維持良好的健康，中、老年人（50~64 歲罹患慢性疾病或有身體功能損傷的成人，與年齡超過 65 歲的老年人）應根據其能力和條件，利用正確與安全的方法，保持良好的運動習慣，避免久坐行為，並從事多樣功能性的運動，以促進健康、減少疾病的發生與降低醫療成本。

　　老人體適能，又稱功能性體適能(functional fitness)，係指讓老年人擁有自我照顧，並增進良好生活品質所必要的健康體適能。構成老年人功能性體適能的要素有：肌力、肌耐力、心肺耐力、身體柔軟度、平衡能力、協調能力、反應時間與身體組成八大要素；原則上老人功能性體適能係屬於一般成人健康體適能的延伸（牟鍾福，2010）。

第一節　高齡化社會的影響

　　根據世界衛生組織(World Health Organization, WHO)的定義，當 65 歲以上老年人口比率超過全國人口的 7%時，則稱為高齡化社會(aging society)；當老年人口占全國人口 14%時，稱之為高齡社會(aged society)；一旦老年人口達到占全國人口的 20%，此時稱為超

高齡社會(super-aged society)。臺灣自民國 82 年（1993 年）進入高齡化社會(aging society)以來，65 歲以上老年人口所占比例逐年攀升，依據目前人口發展趨勢，民國 107 年（西元 2018 年）進入高齡社會（aged society，65 歲以上超過 14%），依據行政院經建會對於未來人口推估，到了民國 115 年（西元 2026 年）我國 65 歲以上高齡人口將占總人口的 20.1%；換言之，屆時我國社會即將邁入超高齡社會(super-aged society)，亦即全國人口中每五人即有一位高齡者；2065 年每 10 人中，約有 4 位是 65 歲以上老年人口，而此 4 位中則即有 1 位是 85 歲以上之超高齡老人。

　　所謂人口老化速度是以老年人口由 7%增至 14%所需的年數代表，世界其他先進過家如法國需要 115 年、瑞典為 85 年、美國 73 年，臺灣卻只需 24 年。主要原因乃是大批的「戰後嬰兒潮」（西元 1950~1960 出生者）人口，於今即將成為老年人口，同時另一新生兒彼端卻因生育率急速降低、後繼乏人，導致老人的「比率」相對地上升更快。

　　根據內政部統計處 103 年第 3 週內政統計通報，我國人口總增加率長期以來均呈遞減趨勢，99 年降至 1.8%達到最低點，隔年的民國 100 年起逐漸回升，102 年又出現下降的走勢。我國自 82 年起邁入高齡化社會以來，65 歲以上老人所占的比率持續高升，至 102 年底已達 11.5%。若依老化程度之估量的老化指數來看是為 80.5%，近 10 年間已增加 33.9 個百分點；102 年老化指數比加拿大、歐洲各國及日本等為低，但相較於美國、紐西蘭、澳洲及其他亞洲國家則是偏高。

表 8-1 世界各國人口老化速度比較

國別	到達 65 歲以上人口比率之年次					倍化期間（年數）		
	7%	10%	14%	20%	30%	7%→14%	10%→20%	20%→30%
臺灣	1993	2005	2017	2025	2040	24	20	15
新加坡	2000	2010	2016	2023	2034	16	13	11
南韓	2000	2007	2017	2026	2040	17	19	14
日本	1970	1985	1994	2005	2024	24	20	19
中國	2001	2016	2026	2036	-	25	20	-
美國	1942	1972	2015	2034	-	73	62	-
德國	1932	1952	1972	2009	2036	40	57	27
英國	1929	1946	1975	2026	-	46	80	-
義大利	1927	1966	1988	2007	2036	61	41	29
瑞典	1887	1948	1972	2015	-	85	67	-
法國	1864	1943	1979	2020	-	115	77	-

資料來源： 行政院經建會（2010，9 月）。2010 年至 2060 年臺灣人口推計。取自 http://iknow.stpi.narl.org.tw/Post/Files/policy/2012/policy_12_017_1.pdf

一、國家財政負荷加重

國家財政負擔的加重，反應在養老金、健康照護及社會照顧等三方面。隨著高齡人口的不斷增加，「老年貧窮」或甚至是「年金貧窮」(pension poverty)的現象已成為全世界所有福利國家亟需解決的問題；致因於社會安全支出的財政收入來源萎縮，老人年金及醫療照護體系恐將難以維持，青壯人口的稅賦可能因此增加，年輕族群之教育經費亦恐因老人福利支出增加而受到排擠。肇因於社會人口結構呈現「倒金字塔」狀態，幼、少、青、壯年人口不足，頂端老

年人口過多；因為老年人口屬於退休人口，這樣的情形反應在勞動力上便構成勞動與競爭力不佳，產業的前進力便受到影響，這將反應在整體經濟實力上。

　　其次，高齡者罹患重大疾病與共病性的機率較高，因為人口高齡化使得健保醫療費用的劇增，亦將成為未來的社會問題，醫療費用及社會保障費用的增加會是醫療支出的大宗，這對健保的支出亦是一大挑戰。

二、家庭結構改變

　　由於生育率的驟降，使得家庭人口結構窄化，昔日大家庭或三代同堂的家庭架構正式瓦解，取而代之的是二代同住的核心家庭。而且平均的家庭人數銳減（楊靜利、董宜禎，2007）。未來主要的家戶型態仍為核心家庭，其餘則是由老人所組成的一代家庭，因此，數代共存的現象將不復存在。離婚率增高，高齡離婚現象增加以及跨國家庭(transnational family)興起，家庭型態越趨多元。

圖 8-1　老化社會來臨

三、長照服務體系的興起

至 108 年 8 月，65 歲以上人口達 353 萬 3 千人，占總人口 14.99%，正式邁入高齡社會；推估至 115 年老年人口將超過 20%，邁入超高齡社會，亦即每 5 人就有 1 人為 65 歲以上老人，使得長期照顧需求人數隨之增加。行政院於 105 年 9 月 29 日通過「長期照顧十年計畫 2.0」(簡稱長照 2.0)，並於 106 年 1 月 1 日上路鼓勵更多長照服務單位投入。此外並致力與地方政府合作，由各地方政府因地制宜布建社區整體照顧服務體系，另亦持續推動預防及延緩失能照顧、強化失智症照顧量能，整合居家醫療等服務，廣泛照顧不同長照需求的民眾。

動動腦時間

1. 構成老年人功能性體適能的要素有幾種？並請分述如下。
   答

2. 根據世界衛生組織(World Health Organization, WHO)的定義，是以什麼的比例去評估是否為高齡社會？
   答

3. 國家財政負擔的加重，反應在＿＿＿＿＿＿、＿＿＿＿＿＿及＿＿＿＿＿等三方面。隨著高齡人口的不斷增加，＿＿＿＿＿＿或甚至是＿＿＿＿＿＿的現象已成為全世界所有福利國家亟需解決的問題。

第二節 老化的成因與影響

　　我們身體隨年齡的增長而逐漸產生的變化，包括生理機能的減退、運動能力與生殖能力的減損等等，是人出生後必然會經歷的過程；此種人體結構及功能隨時間進行而累積的變化，稱之為老化(aging)，它是一種正常但不可逆的持續性過程。

　　正常的老化並不是疾病，但老化造成身體很多功能的改變，因而產生某種程度的障礙；老化從細胞開始到身體其他組織器官等，產生結構及功能的持續衰退。造成老化的原因很多，但主要是受下列二者的影響，其一為內因性因素：人體自然的代謝過程、種族的差異、內分泌障礙、代謝機能障礙、營養不均或缺少等等，都是造成老化的內因性因素。另一為外因性因素：如物理性或化學性的刺激或傷害，而陽光是最主要的外在刺激因素。

一、老化理論

　　影響老化的原因是多重的並且是超越生物、心理、社會三方面。因此，老化理論也多從生物學觀點、心理學觀點、社會學觀點三方面探討；於此我們簡要的整理以供參考。

（一）自由基理論

　　自由基(free radical)理論是目前科學界最為一致認同的老化理論，美國林肯大學醫學院 Denham Harmam M. D., Ph. D.於 1954 年提出，如今已成為老化理論的主流之一。此理論認為，自由基為帶有一個不成對電子的原子、分子、或離子，會與其他分子作用，以搶

奪其他分子的電子，使自己原本不成對的電子變成對而成為較穩定的分子；然而失去電子的分子會因此成為另一個不穩定的分子，再去搶奪其他分子的電子，於是產生一連串的連鎖反應，最後將影響受害者的組織結構，進而影響其正常功能。假設它攻擊的是 DNA，這將影響到 DNA 的運作，甚至導致生理功能異常，甚至基因突變等重大問題。是故，自由基的生成導致人體的損傷與衰敗，因而造成老化。

（二）穿戴磨損理論(Wear and Tear Theory)

人類之身體經過歲月，會產生裂縫、瓦解、崩潰、穿戴磨損、損傷，結果損蝕了細胞，使得細胞無法適當地發揮作用。軟骨之退化及骨頭之磨損或關節軟骨的退化，均屬於老化的現象。

（三）殘渣堆積理論(Waste Accumulation Theory)

隨著年齡的增長，人體不斷新陳代謝的結果，使得人們身體內細胞累積殘渣物質所造成。因為細胞內正常之新陳代謝，堆積了許多毒性物質沒有排出體外，最後連累與危害到正常細胞之功能，這些毒素或是廢物最終會影響到正常的新陳代謝及生理功能。

（四）端粒酶理論(Telomere's Length)

端粒(telomere)位於線狀染色體的末端，它的作用是避免染色體的末端被進行不必要的修補作用以及 DNA 分解或是染色體融合，對於維持細胞生存及基因體的完整性十分重要。每次細胞分裂後，端粒就會縮短，大約 50 次後，細胞就無法再分裂，之後遂進入老化、死亡。

（五）糖化蛋白理論

分子與蛋白質結合起來，就是糖化蛋白。這種糖化蛋白質的聚合物會讓淋巴球誤以為它是外來蛋白質，與它產生對抗，因而出現自體免疫疾病；糖化蛋白聚合物不易被分解，沉積在細胞內，會導致退化性疾病，例如阿茲海默氏症；或是讓糖尿病人容易出現白內障、腎臟病變。

（六）粒線體損害(Mitochondrial Damage)

粒線體是身體主要產生能量的地方，身體有了能量才能維持生命的基礎活動、應付日常體能活動、修復受傷的細胞及組織。因為年齡增長引起的老化以及內、外在環境的傷害等，身體的粒線體受到一定程度的損傷，當粒線體過度傷害導致無法修復時，則導致體能下降與修復能力遞減、受損等狀況發生。

（七）遺傳基因論(Genetic Endowment)

此理論則認為基因的遺傳決定了人們是否具先天疾病、是否擁有優良健康體質以及是否可以不會老化等。

二、老化的生理影響

在老化的過程中，生理狀況逐漸退化，衰弱可說是功能退化的表現。人體老化的現象包括心肺功能降低、腎臟及膀胱功能降低、消化系統運作速度變慢、葡萄糖耐受力變差、性荷爾蒙分泌減少、生殖系統功能減少及性徵改變，此外神經系統全面衰化、肌力下降、骨質密度減少、關節穩定性及靈活度變差。在心理上，知覺、記憶、認知、思考、情緒、學習動機等能力與人格的改變等均受到影響。

（一）基礎代謝

基礎代謝率會隨著年齡增長而明顯降低，老年人由於肌肉組織流失、骨質密度降低等因素，而導致基礎代謝逐年降低。

（二）心臟血管系統

心臟瓣膜、血管及主動脈彈性下降，導致心臟需要更費力才能將血液送出，致心肌肥大且收縮壓升高。加上血管硬化，易造成老年人收縮壓及舒張壓上升。

（三）呼吸系統

胸廓的前後徑隨著年齡增加而漸增，其彈性也因肋骨鈣化與肋間肌強度減弱而逐漸喪失；呼吸肌的強度與耐力亦逐漸下降。氣管與支氣管的直徑變大，肺泡變平，肺泡表面積逐年遞減，肺泡微血管的數目減少且纖維化的程度增加。

（四）內分泌系統

胰臟分泌胰島素的能力逐年下降，老年人分泌的胰島素中有較高比例呈現活性較低的前胰島素(proinsulin)狀態；由於老年人肌肉質量減少、脂肪比率增加且因為活動量不足，造成加重胰島素抗性。甲狀腺素：甲狀腺實質的纖維化會隨年齡增加而逐漸增多，老人甲狀腺促進素(thyroid-stimulating hormone, TSH)的血中濃度不變或略升。

腎上腺分泌的雄性素(androgen)中主要是 DHEA (dehydroepian-drosterone)，此激素的分泌受腎上腺皮質促進素的調節（陳仁豪等，2003），成年以後 DHEA 的分泌量大約每 10 年減少 10%。女性隨年齡增加，卵巢的體積變小，並呈纖維化，動情激素(estrogen)的製造

明顯下降，黃體素(progesterone)的分泌也減少；動情激素的減少導致膀胱與尿道的黏膜萎縮，進而使老年女性容易罹患膀胱炎與尿道炎。男性精子的產量變少，其活動力也變差，前列腺在射精時的分泌量與抑制素(inhibin)的分泌量隨老化而減少；分泌睪固酮的功能下降，血中游離態的睪固酮減少，進而使老年男性的性慾減低。

（五）免疫系統

由於免疫系統的老化，老年人對外來抗原的反應較差；像 T-淋巴球細胞的免疫反應，它的反應力在高齡者有下降的現象。

（六）骨骼與肌肉系統

肌肉隨著老化，肌纖維數目逐漸減少、體積變小，使得肌肉質量從而遞減，其中以下肢近端肌肉的減少最多。以女性而言，骨質減少的速度在停經前後開始加速，而男性一生損失的骨質約為女性的三分之二。此外，骨頭內膠原蛋白隨年齡增加而失去彈性，身體修補的速率也變慢，導致骨頭的強度變差，因而更容易發生骨折。如果骨質流失太快而使骨頭無法維持結構上的完整性，便會形成骨質疏鬆症(osteoporosis)。

另外值得一提的是肌少症(sarcopenia)的嚴重性，「肌少症」是老年失能的凶手，特徵是持續且全身普遍的骨骼肌重量及功能減少，人體骨骼肌肉會隨著年齡增長而減少，年過 40，肌肉量會以每十年減少 8％的速度流失；70 歲後則以每十年減少 15％的速度加速流失。因此情況惡化可能造成失能、生活品質下降，甚至是生活無法自理以及死亡風險增加。

（七）消化系統

口腔隨著老化，口腔黏膜逐漸萎縮，口腔黏膜會因為乾燥、欠缺維生素及藥物的作用而變薄，進而導致口腔黏膜的破損及發炎，口腔咀嚼的效率變差，吞嚥之協調性下降。胃蛋白酵素(pepsin)與內因子(intrinsic factor)的分泌量減少，胃壁合成前列腺素(prostaglandin)的能力下降。腸道隨著老化，腸道中的絨毛會萎縮，黏膜細胞的增生能力變差。功能上，腸道的蠕動力及大腸的收縮協調性變差。小腸因乳糖酵素減少，使乳糖不易被分解吸收。肝臟質量隨年齡增加而減少，流經肝臟的血流量每 10 年減少約 10%，肝細胞的再生能力會減退。胰臟的體積變小，其血流量減少，總胰管的管徑變大，同時腺泡萎縮。胰臟所分泌之各種消化酵素的分泌量會減少。

動動腦時間

4. 造成老化的原因很多，但課文中提及主要是受哪兩個因素的影響？
答

5. 殘渣堆積理論認為老化造成身體方面什麼機能會受到毒素或是廢物的破壞？
答

6. 老化的過程中，女性因隨年齡增加造成卵巢的體積變小，並呈
纖維化，動情激素的製造明顯下降，黃體素的分泌也減少；故
會造成老年女性較易罹患什麼疾病？

三、失智症社會的來臨

　　失智症為一種疾病現象而非正常老化，主要影響個人之記憶、
認知能力及行為，進而嚴重妨礙日常生活。在失智症的分類上，大
致分為兩類：退化性、血管性，但患者有時會存在兩種或以上的病
因，退化性可能合併血管性（又稱為混合型）。阿茲海默氏症為最常
見的失智症類型，約占所有病例的 60~70%；其他主要類型還有血管
型失智症 (vascular dementia)、路易氏體失智症 (dementia with Lewy
bodies) 以及各類導致額顳葉型失智症 (frontotemporal dementia)的疾
病。各類型失智症不易區分，混合型失智症亦很常見。

　　近年來我國人口老化快速，失智症人口亦隨之增加，依據衛福
部 2011~2013 年委託全國失智症盛行率調查結果，65 歲以上老人失
智症盛行率為 8%，推估 106 年底失智症人口將超過 27 萬人，其中
極輕度與輕度占 75%、中度與重度占 25%，40 年後更可能突破 85
萬人。目前社區中仍有許多失智症長者未被照顧，且對失智者不同
階段的照顧需求與服務支持尚須強化，

　　失智症是導致老年人失能及生活無法獨立的主要原因之一，對患者本身、照顧者、家屬、社區及社會國家都造成嚴重衝擊，在經濟方面的負擔也十分驚人。據推估，2015 年臺灣地區失智症醫療成本約 4 億 1,200 萬美元，非醫療成本約 33 億 2,600 萬美元，非正式照護成本約 32 億 5,200 萬美元，總計約 69 億 9,000 萬美元，相當於 2,097 億臺幣。

第三節　老人運動處方

　　體力活動(physical activity)意指藉由骨骼肌肉收縮所產生的肢體動作，這些動作可增加能量的消耗；運動(exercise)意指具計畫性、結構性與反覆性的動作，目的在於增進或維持一個或一個以上的體適能要素。

　　隨年齡遞增會相對增加罹患心血管疾病、中風、高血壓、第二型糖尿病、骨質疏鬆、肥胖、癌症、焦慮和憂鬱症的風險；此外，肌肉適能退化的老年人也會是退化性關節炎、關節炎等的好發族群。規律的體力活動能夠大幅修正這些風險，實證研究發現體適能好的人，罹患心血管疾病以及總體致死率的相對風險均顯著低於中等體適能表現者與低適能者。

　　許多研究證實規律的體力活動與整體的心理健康以及心靈狀態的提升有關；較佳的體適能以及參與有氧運動和降低罹患憂鬱與焦慮症的風險有關，研究指出運動會藉由對自我概念及自尊的調節效果，進而影響心理健康。

　　根據美國運動醫學會(ACSM)與美國心臟協會(AHA)給予老年人健康運動的建議，整理如下。

一、有氧訓練活動

　　為了促進以及維持健康狀態，老年人需要的有氧運動有兩種形式可供參考，誠如下列所示。其中更提到了注意要項，即每一次的操作時間至少需達 10 分鐘，結合中等強度和高強度運動也是允許的。

　　如果以 10 分量表的程度區分，則坐式生活者為 0，最大努力運動者為 10。是故，5~6 屬於中等強度運動，7~8 則屬於高等強度運動。

1. 運動強度：中等強度。

　　運動時間：至少 30 分鐘。

　　運動頻率：每週五天（5 天／週）。

2. 運動強度：高等強度。

　　運動時間：至少 20 分鐘。

　　運動頻率：每週三天（3 天／週）。

二、肌力訓練活動

　　為了促進以及維持身體健康及生理自主，老年人需要每週 2 天（2 天／週）的訓練活動，以維持或增進肌力與肌耐力；建議可以每週 2 天、或 2 天以上（需有間隔，不可以連續訓練）、8~10 種主要肌群的訓練運動。

如果以 10 分量表的程度區分，則不運動者為 0，最大努力運動者為 10。是故，5~6 屬於中等強度運動，7~8 則屬於高強度運動。

老年人的阻力訓練：

1. 運動強度：中等強度或高強度 × 10~15 repetitions for each exercise。

2. 運動頻率：最少每週 2 天。

三、柔軟度訓練活動

伸展運動可增加柔軟度，預防骨骼肌肉受傷、減輕痠痛並降低跌倒發生，保持及改善關節活動度。為了日常生活與平時身體活動的需求，老年人必須執行每週至少 2 天（2 天／週）且每次至少 10 分鐘的柔軟度訓練。以各關節部位之伸展時間須維持 30 秒，做 3~4 回合，或以各部位累積時間 100 秒為原則。

四、平衡感訓練運動

對於經常跌倒者或者不良於行的人，ACSM/AHA 運動處方指引針對經常跌倒者或者不良於行的人建議進行平衡訓練；ACSM 運動處方指引如下：

1. 逐漸增加姿勢難度，減少支撐，例如雙腳直立練習，進階到單腳直立。

2. 改變身體重心變化動態運動，例如交叉步、轉彎練習等。

3. 利用姿勢以保持或強化肌群，例如腳跟站立、腳尖站立等。

4. 降低感覺訊息輸入練習，例如閉眼站立等。

🎽 圖 8-2 老人規律運動的重要性

　　ACSM 與 AHA 的指引對於老年人的運動推薦有下述之特別考慮：對於長期不運動的，身體機能受限不方便運動的，以及有慢性疾病影響運動能力的老人，運動強度和運動時間都要適當調低。運動的進度應該因人而異，而且要考慮到個人的耐受程度以及運動意願。如果長期慢性病患阻礙了老年人達到最低運動推薦標準，他們應該在自己身體可以承受的範圍內多做運動，避免坐式生活模式。

　　總之，重視人口老化問題，加強老人健康促進活動，提供長者正確運動觀念。有氧訓練可減少脂肪組織堆積及內臟脂肪堆積，肌肉強化訓練可增加肌肉質量及力量，衝擊性較強的重量訓練可增加骨質密度及減少骨折危險性，有效的伸展運動可以改善關節柔軟度以及預防日常生活的運動傷害。為延緩及減少長者日益衰退的身體功能狀態，努力透過安全且正確的運動方式，使長者具備日常生活與從事動態生活的能力及生理上的獨立自主，得能擁有健康與尊嚴的老年生活。

動動腦時間

7. 有氧訓練活動中，如果以 10 分量表的程度區分，則坐式生活者為＿＿＿，最大努力運動者為＿＿＿。是故，＿＿＿屬於中等強度運動，＿＿＿則屬於高強度運動。

8. 為了促進以及維持身體健康及生理自主，老年人需要每週＿＿＿天的訓練活動，以維持或增進＿＿＿＿＿＿與＿＿＿＿＿。

9. 哪兩種指引針對經常跌倒者或者不良於行的人建議進行平衡訓練？

   答

10. 承上題，上述之兩種運動處方指引對於老年人的運動推薦有下述之特別考慮：對於長期不運動的，身體機能受限不方便運動的，以及有慢性疾病影響運動能力的老人，＿＿＿＿＿＿＿＿和＿＿＿＿＿＿＿都要適當調低。

第四節 銀髮族功能性體適能檢測

　　老人體適能，又稱為功能性體適能。係讓老年人擁有自我照顧，並增進良好生活品質所必要的健康體適能。醫學研究皆指出老年人運動對於身體帶來諸多益處，銀髮族透過適度的運動可以促進血液循環、增進身體機能、預防疾病發生等；不論是老化或疾病因素，都會讓老年人的生活型態偏向靜態，甚至會進展到失能，導致日常生活無法獨立，造成個人、家庭以及社會的不便及負擔。而運動可預防甚至輔助一些疾病的治療，透過運動可減緩生理上老化帶來的衝擊，保持較好的肌力、耐力、平衡感及柔軟度，將可使老人擁有獨立生活的能力。功能性體適能包括肌力、肌耐力、心肺耐力、身體柔軟度、平衡能力、協調能力、反應時間與身體組成等要素的內涵與價值。

　　檢測前的評估，需以安靜時心跳率在 100 次／分以下，而且血壓必須在 140/90mmHg 以下，方可進行檢測。

一、檢測項目

1. 身高／體重（身體組成 I－身體質量指數）。

2. 腰圍／臀圍（身體組成 II－腰臀圍比）。

3. 開眼單足立（平衡能力 II）。

4. 椅子坐立（肌力及肌耐力 II）。

5. 肱二頭肌手臂屈舉（肌力及肌耐力 I）。

6. 原地站立抬膝（心肺耐力）。

7. 椅子坐姿體前彎（柔軟度 II）。

8. 抓背測驗（柔軟度 I）。

9. 椅子坐起繞物（平衡能力 I）。

二、檢測流程

65歲以上國民體能檢測項目

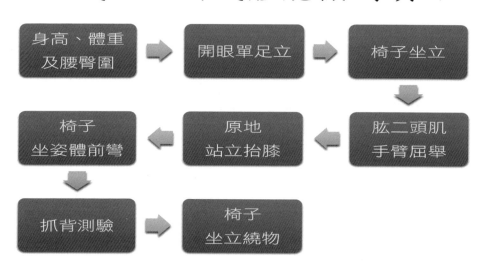

三、實施方法

（一）身體質量指數

以身高器及體重器分別測量身高及體重，並以體重（公斤）除以身高（公尺）之平方計算。

（二）腰臀圍比

　　以皮尺分別測量腰圍及臀圍，並以腰圍（公分）除以臀圍（公分）計算，至少測量二次，取平均值。

（三）開眼單足立

1. 受測者雙手叉腰，一腳（慣用腳）以全腳掌穩固著地，另一腳屈膝抬離於地面，貼於支撐腳內側。

2. 一腳觸地、另一支撐腳移動或叉腰手離開腰部時，即停錶。

3. 依前二目規定測驗二次，以時間最長值為評估依據。

（四）椅子坐立

1. 直背椅或折疊椅（座椅高度約 43 公分）。

2. 受試者坐於椅子中間，背挺直，雙腳平貼於地面，雙手交叉於胸前。

3. 受試者反覆起立坐下動作;起立時，雙腿要完全伸直，於 30 秒內鼓勵受試者完成最多次數。

4. 依前二目規定測驗一次，以完成一次之坐立次數為記錄單位。

（五）肱二頭肌手臂屈舉

1. 受試者坐於椅子中間背挺直，雙腳平貼於地面，慣用手實握啞鈴，自然伸直。

2. 女性用 5 磅啞鈴，男性用 8 磅啞鈴進行測驗。

3. 測驗時，受試者反覆從事屈臂動作；屈臂時，手要完全屈曲，於 30 秒內，鼓勵受試者完成最多次數。

4. 依前三項規定測驗一次，以舉啞鈴之次數為記錄單位。

（六）原地站立抬膝

1. 受試者先以髂前上棘與膝蓋骨連線中點，決定測驗時大腿抬起高度，在牆上貼上膠布作為註記。

2. 測驗時，受試者應於 2 分鐘內，以最快速度進行左右踏步，計算右腳抬起次數。

3. 左右抬腿各練習一次，依前二目規定測驗 2 分鐘，以完成一次左右踏步之次數為記錄單位。

（七）椅子坐姿體前彎

1. 直背椅或折疊椅（座椅高度約 43 公分）。

2. 坐姿在椅子前方，一腳向前伸展，腳勾起，雙手上下重疊，中指對齊，向前伸展摸腳趾，測量手掌中指與腳間之距離。

3. 依前目規定測驗二次，以最佳值為評估依據。

（八）抓背

1. 一手過肩向下方伸展，另一手在腰部向後上方伸展，測量雙手中指間之距離。

2. 依前目規定測驗二次，以最佳值為評估依據。

（九）椅子坐起繞物

1. 受試者坐直於椅子上，待施測者下令開始後，以最快速度站起，並快走繞行 2.44 公尺外障礙物，再走回原位坐下。

2. 量測從起身至坐下所費時間二次，並取時間最短值。

單元活動

1. 說明高齡化社會帶來的影響。

2. 討論老化對於生理的衰退影響並舉例說明。

3. 根據美國運動醫學會的建議，各組設計一適當的老人運動處方。

4. 說明老人規律運動的價值。

 課後複習

( ) 1. 依據目前人口發展趨勢，我國將於 2026 年邁入　(A)高齡化社會　(B)超高齡社會　(C)高齡社會　(D)以上皆是。

( ) 2. 隨著老化導致肌纖維數目逐漸減少，肌肉質量從而遞減，其中以　(A)軀幹　(B)上肢　(C)下肢　(D)以上皆非　近端肌肉減少最多。

( ) 3. 人體骨骼肌肉質量會隨著年齡增長而減少，年過 40，肌肉量會以每 10 年減少　(A)10%　(B)15%　(C)20%　(D)8%　的速度流失。

( ) 4. 人體骨骼肌肉質量會隨著年齡增長而減少，年過 70，肌肉量會以每 10 年減少　(A)10%　(B)15%　(C)20%　(D)8%　的速度流失。

( ) 5. 肝臟質量隨年齡增加而減少，流經肝臟的血流量每 10 年減少約　(A)10%　(B)15%　(C)20%　(D)8%。

( ) 6. 依據 2011~2013 年委託全國失智症盛行率調查結果，65歲以上老人失智症盛行率為　(A)10%　(B)15%　(C)20%　(D)8%。

( ) 7. 銀髮族體適能檢測前的評估，安靜時心跳率必須在　(A)80bpm　(B)100bpm　(C)90bpm　(D)以上皆非　以下。

( ) 8. 銀髮族體適能檢測前的評估，血壓值必須在　(A)120/80　(B)120/90　(C)130/100　(D)140/90　mmHg 以下。

⊕解答：

1.B　　2.C　　3.D　　4.B　　5.A　　6.D　　7.B　　8.D

參考文獻

Miriam, E. et al. (2007). *Physical Activity and Public Health in Older Adults Recommendation From the American College of Sports Medicine and the American Heart Association.* Retrieved from http://circ.ahajournals.org/content/116/9/1094.full.pdf

World Health Organization. *Physical Activity and Older Adults.* Retrieved from http://www.who.int/dietphysicalactivity/factsheet_olderadults/en/

內政部(2010)‧人口政策白皮書核訂本-少子女化、高齡化及移民‧取自 http://www.ris.gov.tw/ch9/0970314.pdf

內政部統計處（2014，1 月 18 日）‧*103 年第 3 週內政統計通報（102 年底人口結構分析）*‧取自 http://www.moi.gov.tw/stat/news_content.aspx?sn=8057

王香生(2009)‧*老年人的運動與體力活動*‧取自 http://www.acsm.org/docs/translated-position-stands/CT_older_adults.pdf

陳人豪、嚴崇仁(2003)‧老年人之生理變化與檢驗數據判讀‧*臺灣醫學，7*(3)，356-363。

行政院經建會(2007)‧*所選國家高齡化社會所需時間*‧取自 http://www.cepd.gov.tw/index.jsp

行政院經建會（2010，9 月）‧*2010 年至 2060 年臺灣人口推計報告*‧取自 http://iknow.stpi.narl.org.tw/Post/Files/policy/2012/policy_12_017_1.pdf

行政院體育委員會（2010，7 月 23 日）‧*我國老人運動政策之研究報告書*‧取自 http://www.sa.gov.tw/wSite/public/Data/f1387368801925.pdf

李佳倫、鄭景峰(2010)‧臺灣老年人身體活動量與功能性體適能的關係‧*大專體育學刊*，*12*(4)，79-89。

李宗派(2004)‧老化理論與老人保健‧*身心障礙研究*，*2*(1)，14-29。

范光中、許永河(2010)‧臺灣人口高齡化的社經衝擊‧*臺灣老年醫學暨老年學雜誌*，*5*(3)，149-168。

徐慧娟、張明正（2004）‧臺灣老人成功老化與活躍老化現況：多層次分析‧*臺灣社會福利學刊*，*3*(2)，1-36。

許智欽、黃美涓(2003)‧老年人之運動處方‧*臺灣醫學*，*7*(3)，396-403。

陳運星(2012)‧老化：身心靈相互關係的思維‧*屏東教育大學學報*，39，31-56。

楊卿堯、林明燦(2007)‧高齡者之生理變化與特徵‧*臺灣醫學*，*11*(3)，259-261。

衛生福利部國民健康局（2009，3 月 27 日）‧*老人健康促進計畫*‧取自 http://www.hpa.gov.tw/bhpmobile/file/ThemeDocFile/201110210145126095/980327％E8％80％81％E4％BA％BA％E8％A8％88％E7％95％AB(％E6％A0％B8％E5％AE％9A％E7％89％88).pdf

動動腦解答

1. (1)8 種；(2)肌力、肌耐力、心肺耐力、身體柔軟度、平衡能力、協調能力、反應時間與身體組成。

2. 老年人口比例。

3. (1)養老金；(2)健康照護；(3)社會照顧；(4)老年貧窮；(5)年金貧窮。

4. (1)內因性因素；(2)外因性因素。

5. 正常的新陳代謝及生理功能。

6. 膀胱炎與尿道炎。

7. (1)0；(2)10；(3)5~6；(4)7~8。

8. (1)2；(2)肌力；(3)肌耐力。

9. ACSM 及 AHA。

10. (1)運動強度；(2)運動時間。

 **MEMO**

Physical Fitness and
Health Promotion

第 **9** 章

運動與營養

Physical Fitness and
Health Promotion

　　運動和營養兩者間有何關聯？簡單地說，運動與營養，都是維持和促進人體健康的重要因素，兩者相輔相成。一般人藉由飲食，攝取適當的熱量與均衡的營養素以保健身體、建構組織；再透過適度的運動強化身體、改善體質、提升免疫力等。所以說，運動與營養是維持身體健康的二大要素。於是，瞭解運動與營養的均衡協調，對於運動員與一般大眾而言，都具有極其重要的地位。本章擬針對營養素的概念、均衡飲食攝取以及運動員飲食等內容，加以探討。

第一節　營養素的概念

　　所謂營養素(nutrients)，簡要的說，營養素是一種「從食物中取得，用於人體內以促進生長發育、保持健康和修補體內組織」的物質；廣義而言，營養素可分為兩類，即產生熱量的營養素（亦稱釋放熱量的營養素或稱常量營養素）及不以產生熱量為主的微量營養素。產生熱量的營養素包括碳水化合物、脂肪和蛋白質，微量營養素則指各種維生素、礦物質和水。

一、碳水化合物 (Carbohydrate)

　　醣類，又稱碳水化合物，是自然界存在最多分布最廣的一類重要的有機化合物，一般由碳、氫與氧三種元素所組成。碳水化合物的命名，是因為醣類化合物的分子式一般寫成 $C_n(H_2O)_n$，故以為是

碳和水的化合物而稱之。而「糖」與「醣類」之區分，在於「糖」
是指具有甜味的醣類，如葡萄糖、麥芽糖等；至於「醣類」即是泛
指所有的碳水化合物，如肝醣、纖維質、澱粉等。從化學結構來
看，它是含有多羥基(-OH)的醛類(R-CHO)或酮類(R_1-CO-R_2)的化合
物，或是經由水解轉化成為多羥基醛類或酮類的化合物醣類；根據
其水解產物大致可分為四類：單醣類、雙醣類、寡醣類、多醣類。

（一）單醣(Monosaccharide)

醣類中最簡單的形式，含有 3~7 個碳原子的醣存在於自然界
中，依其碳原子數目的不同可細分為三碳醣、四碳醣、五碳醣及六
碳醣等幾類；其中，六碳醣具有飲食上之重要性，是生理上最重要
的單醣類，主要有葡萄糖(glucose)、半乳糖(galactose)，甘露糖
(mannose)、果糖(fructose)等。

（二）雙醣(Disaccharide)

經水解或消化酶作用可水解為兩分子的單醣類，稱之為雙醣；
常見的雙醣有蔗糖、乳糖、麥芽糖。雙醣的水解反應如下：

1. 蔗糖→葡萄糖＋果糖

2. 乳糖→葡萄糖＋半乳糖

3. 麥芽糖→葡萄糖＋葡萄糖

（三）寡醣(Oligosaccharide)

一般而言，寡醣水解後能產生 2~10 分子單醣，因組成與結構上
的差異，其理化性質與生理功能與原來個別的單糖有很大的不同。
而「功能性寡醣」則是指一類非消化性寡醣，這一類寡醣食用後不
被人體胃酸、酵素分解，無法在小腸吸收（王培銘，2008），它能

促進人體腸道內的有益細菌例如雙歧桿菌(bifidobacterium)的增殖，從而抑制腸道內腐敗菌的生長，減少有毒發酵產物的形成有利於腸道健康。市面上常見的寡糖有麥芽寡糖、異麥芽寡糖、果寡糖、乳寡糖、大豆寡糖等。自然界中僅有少數幾種植物含有天然的功能性寡糖；例如，洋蔥、大蒜等含有果寡糖，大豆中含有大豆寡糖。

（四）多醣(Polysaccharide)

多醣類由於其分子量大，一般而言不溶於水，且無法直接被人體吸收；多醣的代謝途徑，一般需透過酵素的作用，將多醣分解成單醣；多醣類分解後能產生 10 分子以上的單醣，無固定形狀，不會結晶、不甜、不溶於水，又可分為可消化的多醣類，如澱粉、糊精、肝醣，及不可消化的多醣類，例如纖維素、樹膠、果膠等。

其中膳食纖維(dietary fiber)也稱為「非澱粉性多醣」，多存在於蔬菜、水果與全穀雜糧類，是植物細胞壁與細胞間質的成分，在消化道中無法被人體的消化酵素所分解。雖然這類成分不被人體吸收，但是對消化道的生理有重要的影響，間接也影響到體內的代謝，同時可以增加免疫力。膳食纖維質的生理功能有增加飽足感以預防肥胖、預防便秘及大腸癌、減少膽固醇吸收，降低心血管疾病發生率、延緩飯後血糖上升之速度等，通常可區分為水溶性纖維(soluble fiber)與不溶性纖維(insoluble fiber)。

1. 水溶性纖維

例如一般的水果類、豆類、燕麥片、洋菜、木耳、海帶、紫菜、菇類、瓜類、莢豆類及蔬菜莖部等，有 80~100%的水溶性纖維可以被大腸中的細菌發酵，提供腸道細胞能量的來源。

(I─II) 圖 9-1　多攝取膳食纖維

2. 不溶性纖維

　　例如蔬菜類與全穀類等食物，其中只有 50%可被大腸中的細菌發酵，主要是增加糞便的體積，促進大腸蠕動以減少其通過腸道的時間，進而抑制大腸、直腸癌的發生。

　　肝醣(glycogen)係由葡萄糖結合而成，主要存在肝臟與肌肉，可說是動物性多醣；肝醣的構造類似支鏈澱粉，在葡萄糖供應不足時可以迅速分解以供利用。肝臟的肝醣負責補充血糖以維持穩定的濃度，肌肉的肝醣可以增加肌肉活動的耐力，延長運動的時間。肌肉中的肝醣只能供給肌肉細胞所用，而肝臟中的肝醣可以分解後以葡萄糖的形式釋放到血液中，供給肌肉以及身體其他器官所需；倘若體內肝醣存量不足以應付運動所需，則會造成疲勞與降低運動表現。

二、蛋白質

(Protein)

　　蛋白質主要是由碳、氫、氧、氮等四種元素所構成，其中還有少量元素如硫、磷、鐵、銅等。蛋白質的基本單位是胺基酸(amino acid)，在自然界存在的胺基酸有 50 種以上，在人體裡有 22 種；若是可在人體肝臟自行由其他胺基酸轉換而成的，我們稱為非必需胺基酸(non-essential amino acids)；反之，若是在人體肝臟無法自行合成的胺基酸，必須從食物中去攝取的，我們稱作必需胺基酸(essential amino acids, EAA)，共有 9 種（或也有將「精胺酸」列入為必需胺基酸者，如此則稱有 10 種）。蛋白質是建構肌肉、頭髮、指甲、皮膚和血液等人體主要架構的成分，也是組成免疫系統抗體的重要一環。

　　蛋白質對人體的主要功能有：

1. 產生熱量

　　1 公克的蛋白質可以產生 4 卡熱量。人體的生理機能首重在熱量的供給與維持。蛋白質食物的價格較昂貴而且攝食產熱效應高；即吃蛋白質食物時會增加身體熱量之消耗，產生含氮廢物排出，熱量利用率偏低。所以用蛋白質食物作熱量來源是最不划算的。

2. 修補、建造組織

　　這是蛋白質在人體裡最重要的功能之一，也是其他營養素較無法取代的作用。

3. 構成身體分泌液、酵素和激素、抗體、血漿蛋白質等。酵素和激素（荷爾蒙）的主要單元物質是蛋白質。抗體可以幫助抵抗疾病，血漿蛋白可以維持正常滲透壓。蛋白質可以結合酸性或鹼性物質維持酸鹼平衡。

4. 可攜帶其他物質，幫助吸收、運輸。如脂蛋白運送三酸甘油酯、膽固醇等。

5. 提供必需胺基酸、完成身體之生理功用。

三、脂質 (Lipid)

脂質是一群不溶於水而溶於乙醚、氯仿、苯、酒精以及丙酮等有機溶劑的物質，包括三酸甘油酯、類固醇、蠟類及其他相關物質。脂質可分類為簡單脂質(simple lipid)、複合脂質(compound lipid)、衍生脂質(derived lipid)。構成脂質的主要成分為脂肪酸(fatty acid)，依構造可分成飽和脂肪酸(saturated fatty acid)、單元不飽和脂肪酸(monounsaturated fatty acid)及多元不飽和脂肪酸(poly-unsaturated fatty acid)。

（一）簡單脂質(Simple Lipid)

如中性脂肪係由一分子甘油及三分子脂肪酸結合而成，亦稱三酸甘油酯(triglyceride)，另一為蠟質類。

中性脂肪有二類：

1. 脂肪(fat)

固體狀如豬油、牛油，大多為動物性脂肪，含有較多的飽和脂肪酸。

2. 油類(oil)

液狀如花生油、大豆油等，大部分為植物性油脂，含有較多的不飽和脂肪酸。蠟類(wax)則是由脂酸及高級醇組成，一般常見有植物蠟與蜂巢蠟等。這種化合物不能為人體吸收與食用。

（二）複合脂質(Compound Lipid)

為中性脂肪與其他非脂質化合物組成常見的有：

1. 磷脂類(Phospholipid)

為脂酸、甘油及磷的化合物，如卵磷脂是脂酸甘油及膽素的化合物；腦磷脂為脂酸、甘油及 ethanolamine 或 serine 的化合物，均為體內重要器官，如腦、神經組織、肝臟，腎臟、心臟與肌肉等細胞不可缺少的物質。

2. 醣脂類(Glycolipid)

為脂肪和醣的化合物，主要存於腦、神經組織中。

3. 脂蛋白(Lipoprotein)

為脂質與蛋白質的化合物，包括極低密度脂蛋白、低密度脂蛋白及高密度脂蛋白，各類脂蛋白含有不同比率的膽固醇、三酸甘油酯、磷脂質及蛋白質。

(1) 極低密度脂蛋白(Very Low Density Lipoprotein, VLDL)

主要成分為三酸甘油酯，於肝臟或小腸內合成。若食入大量脂肪或醣類，會增加極低密度脂蛋白的合成。

(2) 低密度脂蛋白(Low Density Lipoprotein, LDL)

血中 60~70%的膽固醇是由低密度脂蛋白攜帶，主要是將膽固醇由肝臟帶到周邊組織。低密度脂蛋白－膽固醇結合體過高所引起的高膽固醇血症是冠狀動脈硬化和心臟疾病的危險因子，所以低密度脂蛋白－膽固醇被稱為「壞」的膽固醇。低密度脂蛋白膽固醇(LDL)不能超過 130mg/dL，最好控制在100mg/dL 以下。

(3) 高密度脂蛋白(High Density Lipoprotein, HDL)

血中 20~30%的膽固醇由高密度脂蛋白運送。主要是將周邊組織的膽固醇帶回肝臟代謝。高密度脂蛋白－膽固醇結合體越高，罹患冠狀動脈心臟疾病之機率越低，所以高密度脂蛋白－膽固醇被稱為「好」的膽固醇。健康上要求高密度脂蛋白膽固醇(HDL)需要≥40mg/dL，最好可以超過 60mg/dL。

（三）衍生脂質(Derived Lipid)

為脂質水解或代謝出來的產物，一般常見有脂肪醛(fatty aldehyde)、固醇(sterol)、類固醇(steroid)等。其他各種脂溶性維生素(vitamin A, D, E, K)也屬於此類。

（四）膽固醇(Cholesterol)

膽固醇是人體一種必需的物質，能夠製造膽汁、賀爾蒙與維持細胞的機能。膽固醇是一種脂肪樣物質，是細胞膜的一部分，人體內大部分膽固醇都是在肝臟內製造，飲食中的膽固醇大多來自動物產品，如肉、奶脂和蛋黃。體內膽固醇約有 70~80%是內生性膽固醇，是自己身體從肝臟或小腸細胞合成的膽固醇，而剩餘的 20~30％才是來自於飲食中。

體檢報告上看到的膽固醇，其實不是膽固醇，而是被稱為「脂蛋白」的物質，如：高密度脂蛋白(HDL)、低密度脂蛋白(LDL)與極低密度脂蛋白(VLDL)，這些脂蛋白在血液中運行，攜帶著三酸甘油酯、膽固醇與脂溶性營養素至全身各處。體健報告上的總膽固醇數值，則是由 HDL、LDL 與三酸甘油酯所計算而成，正常值為 200 mg/dl 以下，若超過 240mg/dl 即為高膽固醇血症。

人體血中膽固醇濃度偏高，主要取決於以下幾個飲食因素：

1. 攝取過多的動物性油（如：牛油、奶油、豬油等）或這類油脂製作的食品，增加了身體膽固醇之合成。

2. 攝入過少的纖維含量豐富的植物性食物（蔬菜、水果、全穀、核果種子），減少膽固醇代謝物的排泄。

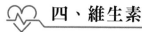

四、維生素
(Vitamin)

直接音譯為維他命(vitamin)，但「維生素」才是營養學上的正式稱呼。這是一系列有機化合物的統稱，它們是生物體所需要的微量營養成分，一般又無法由生物體自己生產，需要通過飲食等手段獲得。維生素不能像醣類、蛋白質及脂肪那樣可以產生能量，組成細胞，但是它們對生物體的新陳代謝起調節作用，缺乏維生素會導致嚴重的健康問題。

維生素分為兩種，一種為水溶性維生素，另一種則為脂溶性維生素。「水溶性維生素」易溶於水而不易溶於非極性有機溶劑，吸收後體內儲存很少，過量的多從尿中排出；「脂溶性維生素」易溶於非極性有機溶劑，不易溶於水，可隨脂肪為人體吸收並在體內儲積，排泄率不高。

1. 脂溶性維生素(Fat Soluble Vitamin)

脂溶性維生素包括維生素 A、D、E、K，其最大特性是不溶於水，可以溶解在油脂或其他有機溶劑中。

2. 水溶性維生素(Water Soluble Vitamin)

　　主要有維生素 B 群的 B_1、B_2、B_6、B_{12}、泛酸、菸鹼酸、葉酸、生物素；及膽鹼、維生素 C 等。這些維生素係水溶性，不溶於脂肪中且不易儲藏，需由食物提供；此外，尚包括肌醇、對胺苯甲酸(PABA)等。

五、礦物質
(Mineral)

　　食物燒成灰石的殘餘部分，又稱灰分。是構成身體細胞的原料，例如構成骨骼、牙齒、肌肉、血球、神經之主要成分；另在調節生理機能上，　如維持體液酸鹼平衡，調節滲透壓，心臟肌肉收縮，神經傳導等。

　　可概分為兩大類，一為巨量礦物質(macro mineral)，即人體每天需求量達 100mg 以上者，如鈣(Ca)、磷(P)、鎂(Mg)、鈉(Na)、氯(Cl)、鉀(K)、硫(S)。另一為微量礦物質(micro mineral)，即人體每天需求量在 100mg 以下者，如鐵、銅、鋅、碘、氟、錳、鋁、硒、錫、鉻等。

六、水

　　人類可以數天都不吃東西，仍然可以暫時維持其生理機能，但卻不能不喝水，因為水對人體的重要性僅次於空氣，水在人體中約占體重之 55~70%，包括了細胞內、外液以及血漿。基本上，水進入人體，和水排出人體，最好能夠達到一個平衡的狀態，才能維持人體正常的功用與機能。

（一）水對人體主要的功用

1. 水是組成人體細胞的主要成分。

2. 水可以參與體內細胞的物理及化學變化，完成其代謝作用。

3. 水可以調節體溫。

4. 水可以維持正常循環作用及排泄作用。

5. 水可以滋潤身體各組織的表面，可減少各器官間的摩擦。

6. 水可以幫助維持體內電解質的平衡。

7. 水可以促進食物消化和吸收作用。

（二）水分由體內的排出情形

1. 尿液中排出，約占 1,400 公克。

2. 大便中的水分排出，約占 100 公克。

3. 皮膚呼吸中之水分排出，約占 700 公克。

4. 肺呼吸中之水分排出，約占 300 公克。

（三）水分的需要量

　　究竟一個正常人每日需喝多少水才適當？一般的建議量為每公斤體重攝取約 30~35c.c.。下表為各年齡層每日水分攝取建議量。

表 9-1　水分攝取建議量

營養素	功能	成長階段分布	AL（公升／日）
水分	1. 在體內維持平衡並且允許營養素傳送至細胞	嬰兒 0~6 月 7~12 月	 0.7 0.8
	2. 排除並分泌代謝的廢棄物質	小孩 1~3 歲 4~8 歲	 1.3 1.7
		男性 9~13 歲 14~18 歲 19~30 歲 31~50 歲 50~70 歲 >70 歲	 2.4 3.3 3.7 3.7 3.7 3.7
		女性 9~13 歲 14~18 歲 19~30 歲 31~50 歲 50~70 歲 >70 歲	 2.1 2.3 2.7 2.7 2.7 2.7
		孕婦 14~18 歲 19~50 歲	 3.0 3.0
		哺乳期 14~18 歲 19~50 歲	 3.8 3.8

資料來源：National Agricultural Library. (n.d.). *Dietary Reference Intakes: Electrolytes and Water.* Retrieved from http://www.iom.edu/Global/News%20Announcements/~/media/442A08B899F44DF9AAD083D86164C75B.ashx

動動腦時間

1. 膳食纖維也稱為＿＿＿＿＿＿，多存在於＿＿＿＿＿、＿＿＿＿＿
   與＿＿＿＿＿，是植物＿＿＿＿＿與＿＿＿＿＿的成分，在消化道中
   無法被人體的消化酵素所分解。

2. 蛋白質的基本單位是胺基酸(amino acid)，在自然界存在的胺基
   酸有＿＿＿＿種以上，在人體裡有＿＿＿＿種。

3. 複合脂質為中性脂肪與其他非脂質化合物組成常見的有幾種？
   並請分述如下。

   答

第二節　均衡飲食計畫

　　簡單地說，所謂均衡飲食，係指每種必需營養素都攝取到符合
需求的量，且熱量攝取與熱量消耗達到平衡。營養質量充足是健康
的根本，而食物則是營養素的來源，換言之，獲取均衡飲食即是維
持健康的首要原則。所謂均衡飲食就是每天攝取的食物，足夠提供
熱量及各種必需的營養素，得能維持身體機能運作，提升免疫能力
同時抵抗環境毒害，有助於預防慢性疾病且獲得身體的健康狀態。

　　據 2005 年美國農業部(USDA)新發表的食物指導系統－「我的金字塔」(http://mypyramid.gov/)的說明：想要確保身體的健康，就必須聰明地從每一類食物中選擇食物，在飲食與身體活動之間找到平衡，並且在熱量之外獲取最多的營養。同時提到健康飲食的要件，需著重在水果、蔬菜、全穀類和脫脂或低脂的奶類和奶製品，要包含瘦肉、禽類、魚、豆類、蛋與核果，至於飽和脂肪、反式脂肪、膽固醇、鹽（鈉）和添加的糖則要減少。

　　國內則是參考先進國家之飲食指標建議並依據我國 2013~2016 年國民營養健康狀況變遷調查結果予以修正。目前國人生活日趨於靜態，熱能消耗減低，造成肥胖與代謝症候群相關的慢性疾病盛行，且隨著各類食物可獲量及國人飲食型態的改變，過去的飲食建議需要重新檢討。因此，「每日飲食指南」仍以預防營養素缺乏為目標(70% DRIs)，也同時參考最新的流行病學研究成果，將降低心臟血管代謝疾病及癌症風險的飲食原則列入考量，建議以合宜的三大營養素比例（蛋白質 10~20%、脂質 20~30%、醣類（碳水化合物）50~60%）。以實證營養學的原則，試算多種飲食組成，最後提出適合多數國人的飲食建議。本版每日飲食指南涵蓋六大類食物：全穀雜糧類、豆魚蛋肉類、乳品類、蔬菜類、水果類、油脂與堅果種子類；並針對 7 種熱量需求量分別提出建議分量。根據新版飲食綱領，強調攝取營養素密度高之原態食物，以提高微量營養素與有益健康之植化素攝取量。因此，將原本分類中之全穀根莖類，修訂為「全穀雜糧類」。

　　為強調植物性食物，以及較為健康的飲食脂肪組成，將主供蛋白質食物類別之順序訂為「豆魚蛋肉類」。奶類方面，雖然過去認為為乳脂肪較飽和，建議選用低脂或脫脂為佳。唯近年的研究顯示，全脂奶相較於低脂奶，並不會造成身體的肥胖或心血管疾病的風險

增加,且有利於某些健康指標,故本版使用「乳品類」。為鼓勵國人多攝取堅果以取代精製油脂,新版本沿用「油脂與堅果種子類」。

一、六大類食物

衛生福利部食品藥物管理署公布最新版的「國民飲食指標」建議;日常飲食依據飲食指南建議的六大類食物分量攝取,所攝取的營養素種類才能齊全。三餐以全穀為主食提供身體適當的熱量,節省蛋白質,可以幫助維持血糖,保護肌肉與內臟器官的組織蛋白質。多選用高纖維食物,促進腸道的生理健康,還可幫助血糖與血脂的控制。

(一)全穀雜糧類

全穀雜糧類食物除了大家熟知的各種穀類外,還包括富含澱粉的雜糧類,如食用其根莖的薯類、食用其種子的豆類和食用其果實的富含澱粉食物。以「維持原態」之全穀雜糧為主食。例如:糙米飯、紫米飯、胚芽米飯、全麥麵包、全麥麵、全麥饅頭及其他全麥製品、燕麥、全蕎麥、全粒玉米、糙薏仁、小米、紅藜(藜麥)、甘藷、馬鈴薯、芋頭、南瓜、山藥、蓮藕、紅豆、綠豆、花豆、鷹豆、皇帝豆等澱粉含量豐富的豆類,以及栗子、蓮子、菱角等等。建議每日食用的全穀雜糧類應包括至少 1/3 以上的未精製全穀雜糧。

(二)蔬菜類

臺灣的蔬菜種類很多,根據食用的部分可區分為:葉菜類、花菜類、根菜類、果菜類、豆菜類、菇類、海菜類等。葉菜類我們食用莖葉部分,例如:菠菜、高麗菜、大白菜。花菜類例如:綠花椰菜、白花椰菜、韭菜花、金針花等。根菜類例如:蘿蔔、胡蘿蔔。果菜類是植物的果實,例如:青椒、茄子、冬瓜、絲瓜、苦瓜、小

黃瓜等。豆菜類是一些豆科植物的新鮮果實或芽，例如：四季豆、豌豆夾、綠豆芽等。菇類如：香菇、洋菇、杏鮑菇、金針菇、雪白菇、鴻禧菇等。海菜類如：紫菜、海帶等。

（三）水果類

水果主要提供維生素，尤其是維生素 C。提供的礦物質較少，只有桃、李、葡萄、桑甚、草莓、黑棗、葡萄乾、黑棗乾含有較多的鐵質；橙、草莓中含有適量鈣質。水果類的水分含量很高，蛋白質和脂肪的含量很低，主要的熱量來源為醣類，通常是生食。深色水果（橙紅色或橙色、紅色）含有各種類胡蘿蔔素、花青素等有益健康的植化素。水果外皮含有豐富的膳食纖維，所以口感比較粗糙。由於膳食纖維具有預防便秘、腸癌、腦血管疾病等功能，所以可以連皮吃的水果，如蘋果、水梨、蕃茄、桃子、李子等水果時，應盡量洗乾淨連果皮一起吃。

（四）乳品類

乳品類食物主要提供鈣質，且含有優質蛋白質、乳糖、脂肪、多種維生素、礦物質等。國人飲食中鈣質攝取量大多不足，而每日攝取 1~2 杯乳品是最容易滿足鈣質需求的方法，故將乳製品於六大類食物中單獨另列一類。此外，醱酵乳製品包括只含有少量乳糖的乳酪（起司）、含有益生菌幫助分解乳糖的優格、優酪乳，或是低乳糖或沒有乳糖的牛奶，都可以提供乳糖耐受不良的人做選擇。

（五）豆魚蛋肉類

豆魚蛋肉類為富含蛋白質的食物，主要提供飲食中蛋白質的來源。包含：黃豆與豆製品、魚類與海鮮、蛋類、禽類、畜肉等。為避免同時吃入不利健康的脂肪，尤其是飽和脂肪，選擇這類食物時，其優先順序為豆類、魚類與海鮮、蛋類、禽肉、畜肉。

（六）油脂與堅果種子類

　　油脂與堅果種子類食物含有豐富脂肪，除提供部分熱量和必需脂肪酸以外，有些還提供脂溶性維生素 E。含單元不飽和脂肪酸較多的橄欖油、苦茶油、芥花油、油菜籽油、高油酸葵花油、花生油等。由於一般食用油皆經過精煉製成，微量營養素偏低。而原態堅果種子類食物，不但富含脂肪，且含有豐富之各類營養素。選擇堅果種子類食物時，其分量係以堅果種子來「取代」精製過的食用油，而非在使用食用油之外再「多加」攝取堅果種子，以免吃入過多脂肪。堅果種子類食物為脂肪含量較高的植物果實和種子，例如花生、瓜子、葵瓜子、芝麻、腰果、杏仁、核桃、夏威夷豆等。

二、飲食原則

　　因應現代國人飲食習慣改變，所造成的諸多慢性疾病，如糖尿病、高血壓及癌症等疾病越來越趨向年輕化；衛生福利部為了推廣均衡的健康飲食觀念，必須在飲食的質與量作適度的修正，作為國人飲食的指標。除了以預防營養素缺乏為目標（達到 70%的每日營養素建議攝取量），也同時參考最新的流行病學研究成果，尤其是根據 2013~2016 年國民營養健康狀況變遷調查結果，還有收集美國等12 個國家或組織的飲食指標建議，進行分析與比較；另外，參考世界衛生組織／世界糧農組織(WHO/FAO)建議，以降低心臟血管代謝疾病及癌症風險的飲食原則，作為修正指標的考量。

　　最新國人飲食指標中，主要是增加纖維、鈣質攝取，減少澱粉類食物攝取。除持續宣導的均衡攝取六大類食物及少油炸、少脂肪、少醃漬、多喝開水外，特別強調應避免含糖飲料及每日最好至少攝取 1/3 全穀食物。同時也提醒國人來源標示要注意，衛生安全才能吃。

國民飲食指標 12 項原則宣示如下：

1. 應依「每日飲食指南」的食物分類與建議分量，選擇食物搭配飲食。

　　特別注意應吃到足夠量的蔬菜、水果、全穀、豆類、堅果種子及乳製品。攝取足量的蔬菜、水果、乳品類、全穀、豆類與豆製品以及堅果種子類，可減少罹患多種慢性疾病的危險。每日攝取的蔬菜水果中應至少 1/3 以上是深色（包括深綠和黃橙紅色等）。

2. 瞭解自己的健康體重和熱量需求，適量飲食，以維持體重在正常範圍內。

　　長期吃入過多熱量，會使體內脂肪囤積，增加各種慢性疾病的危險。可利用中研營養資訊網計算個人的健康體重、熱量需求與每日飲食六大類食物建議份數。

3. 維持多活動的生活習慣，每週累積至少 150 分鐘中等費力身體活動，或是 75 分鐘的費力身體活動。

　　維持健康必須每日應有充分之身體活動，維持健康體位，並可藉此增加熱量消耗，達成熱量平衡及良好的體重管理。培養多活動生活習慣，活動量調整可先以少量為開始，再逐漸增加到建議活動量。

4. 以母乳哺餵嬰兒至少 6 個月，其後並給予充分的副食品。

　　以全母乳哺餵嬰兒至少 6 個月，對嬰兒一生健康具有保護作用，是給予嬰兒無可取代的最佳禮物。嬰兒 6 個月後仍鼓勵持續哺餵母乳，同時需添加副食品，並訓練嬰兒咀嚼、吞嚥、接受多樣性食物，包括蔬菜水果，並且養成口味清淡的飲食習慣。媽媽哺餵母乳時，應特別注意自身飲食營養與水分的充分攝取。

5. 三餐應以全穀雜糧為主食。

全穀（糙米、全麥製品）或其他雜糧含有豐富的維生素、礦物質及膳食纖維，更提供各式各樣的植化素成分，對人體健康具有保護作用。

6. 多蔬食少紅肉，多粗食少精製。

飲食優先選擇原態的植物性食物，如新鮮蔬菜、水果、全穀、豆類、堅果種子等，以充分攝取微量營養素、膳食纖維與植化素。盡量避免攝食以大量白糖、澱粉、油脂等精製原料所加工製成的食品，因其大多空有熱量，而無其他營養價值。健康飲食習慣的建立，可先由一些小的改變開始做起，以漸進方式達成飲食目標。

7. 飲食多樣化，選擇當季在地食材。

六大類食物中的每類食物宜力求變化，增加食物多樣性，可增加獲得各種不同營養素及植化素的機會。盡量選擇當季食材，營養價值高，較為便宜，品質也好。在地食材不但較為新鮮，且符合節能減碳的原則。

8. 購買食物或點餐時注意分量，避免吃太多或浪費食物。

購買與製備餐飲，應注意分量適中，盡量避免加大分量而造成熱量攝取過多或食物廢棄浪費。

9. 盡量少吃油炸和其他高脂高糖食物，避免含糖飲料。

盡量避免高熱量密度食物，如油炸與其他高脂高糖的食物。甜食、糕餅、含糖飲料等也應該少吃，以避免吃入過多熱量。每日飲食中，添加糖攝取量不宜超過總熱量的 10%。

10. 口味清淡，不吃太鹹，少吃醃漬品，沾醬酌量。

　　飲食口味盡量清淡。重口味、過鹹、過度使用醬料及其他含鈉調味料、鹽漬食物，均易吃入過多的鈉，而造成高血壓，也容易使鈣質流失。注意加工食品標示的鈉含量，每日鈉攝取量應限制在2400毫克以下。並選用加碘鹽。

11. 若飲酒，男性不宜超過 2 杯／日（每杯酒精 10 公克），女性不宜超過 1 杯／日。但孕期絕不可飲酒。

　　長期過量飲酒容易造成營養不均衡、傷害肝臟，甚至造成癌症。酒類每杯的分量是指：啤酒約 160 毫升，紅、白葡萄酒約 66 毫升，威士忌、白蘭地及高粱酒等烈酒約 20 毫升。

12. 選擇來源標示清楚、且衛生安全的食物。

　　食物應注意清潔衛生，且加以適當貯存與烹調。避免吃入發霉、腐敗、變質與汙染的食物。

　　購買食物時應注意食物來源、食品標示及有效期限素食飲食指標 8 項原則：

1. 依據指南擇素食，食物種類多樣化。

　　每日飲食應依據「素食飲食指南」之食物分類與建議分量，選擇食物搭配飲食，以達營養均衡。每大類食物中宜力求變化，增加食物的多樣性，以增加獲取各類營養素及植化素的機會。

2. 全穀雜糧為主食，豆類搭配食更佳。

　　全穀雜糧類食物提供碳水化合物及部分蛋白質，其中未精製全穀雜糧類可提供維生素 B 群、纖維素及微量礦物質，豆類食物，尤其指黃豆及其加工製品（例如：傳統豆腐、小方豆干）可提供豐富蛋白質。豆類食物和全穀類的蛋白質組成不同，兩者一起食用可以

達到「互補作用」，故建議每天應要有全穀根莖類食物和豆類食品的搭配組合，且建議選擇末量三分一以上。

3. 烹調用油常變化，堅果種子不可少。

　　葵花油、大豆沙拉油、橄欖油在高溫中容易氧化，建議不要用來油炸食物，椰子油和棕櫚油雖然是植物油，其所含飽和脂肪酸卻比較高，會升高血液的膽固醇，不建議食用太多。建議在考慮烹調方法後經常變換烹調用油。堅果種子類食物係指黑芝麻、白芝麻、杏仁果、核桃、腰果、開心果、花、夏威夷豆、松子仁、各類瓜子等。建議每日應攝取一份堅果種子類食物，同時建議多樣化選擇以均衡營養攝取。

4. 深色蔬菜營養高，菇藻紫菜應俱全。

　　深色蔬菜營養高，富含多種維生素、礦物質，而蔬菜中的菇類（如：香菇、杏鮑菇、喜來菇、珊瑚菇等）、藻類（如：麒麟菜、海帶、裙帶菜、紫菜等）提供了維生素 B_{12}，其中又以紫菜的維生素 B_{12} 含量較多，因此建議素食飲食中蔬菜類攝取應包含至少一份深色蔬菜、一份菇類與一份藻類食物。

5. 水果正餐同食用，當季在地分量足。

　　新鮮蔬菜或水果為維生素 C 之食物來源。維生素 C 與鐵吸收率呈正相關。故建議三餐用餐，不論餐前、餐中、餐後同時攝食水果，可改善鐵質吸收率。

6. 口味清淡保健康，飲食減少油鹽糖。

　　日常飲食在烹調時應減少使用調味料，烹調多用蒸、煮、烤、微波代替油炸的方式減少烹調用油量。少吃醃漬食物、調味濃重、精緻加工、含糖高及油脂熱量密度高的食品，減少油、鹽、糖的攝取，在飲食中應做到少油、少鹽、少糖。

7. 粗食原味少精緻，加工食品慎選食。

　　素食的加工食品，以大豆分離蛋白、麵筋、蒟蒻、或香菇梗等經過加工製程做成類似肉類造型或口感的仿肉食品，製作過程中經常會添加食品添加物，以增加風味或口感，因此建議速食飲食應多選擇新鮮食材，少吃過度加工食品。

8. 健康運動 30 分鐘，適度日曬 20 分鐘。

　　日常生活充分體能活動是保持健康所不可缺的藉由適量的熱量攝取，配合體能運動增加新陳代謝速率，是健康的體重管理方法，建議維持健康多活動，每日至少 30 分鐘。

　　臺灣地區全年陽光充足，每天日曬 20 分鐘就足以在體內能產生充足的活化型態維生素 D 來幫助鈣質吸收，所以建議素食者應適度進行戶外體能活動消耗熱量，避免維生素 D 缺乏的問題發生。

 　 動動腦時間

　4. 餵養母乳有什麼好處？請列舉兩項好處。衛生福利部建議母親
　　 應以母乳完全哺餵嬰兒至少多久？

　　答

5. 衛生福利部在全穀根莖類的攝取上每日建議量為多少？

答

6. 攝取低脂乳品類主要能獲得哪些營養素？

答

第三節　運動員飲食

　　通常在運動與飲食調配，可簡單分為保健運動及競技運動兩者。一般而言，此兩種運動型態的族群，其食物的選擇應遵循「均衡、低油、低糖、低鹽、高纖」的原則，均衡攝取六大類食物，養成三餐定時定量的習慣。但於運動前、中、後，則需注意到一些醣類的補充以及水分足夠的相關問題，食物的選擇較著重容易吸收消化，不引起腸胃道反應以及能增加肌肉或血糖之儲存者為主。

　　保健運動者的飲食建議應與一般健康均衡飲食的建議相似；競技運動者，在平日即需注意到瘦肉組織的保留以及運動時能量能夠快速利用，可依個人訓練項目不同，攝取不同需求的營養素，一般而言，競技運動員其飲食建議較一般健康人以及保健運動者有較高

的醣類以及蛋白質的需求。而兩種運動型態族群的熱量需求，則需根據其運動之強度以及時間做個人化的評估以及調整。

一、飲食建議攝取量
(Dietary Reference Intakes, DRIs)

近來美國與加拿大的專家學者組成委員會，發布了熱量以及營養素之每日攝取建議量(dietary reference intakes, DRIs)，旨在促進健康以及預防慢性疾病。DRIs 之專家學者，亦公布了巨量營養素(macro nutrients)之攝取容許範圍，醣類之容許範圍為 45~65%，脂肪之容許範圍為 20~35%，蛋白質之容許範圍為 10~35%。

保健型運動員及競技型運動員，其巨量營養素之攝取範圍亦在此之內，但競技型運動員之醣類建議多半大於 60%，中、長距離長跑、400 公尺以上的游泳以及各球類運動的運動員需要持久的耐力，這類運動員需要大量容易消化的醣類，以供給運動期間能量的消耗；而運動員其蛋白質需求亦不同，例如速度型運動員（舉重、投擲、摔角及拳擊）因需要增加肌肉質量，對蛋白質的需求要比耐力選手高，但對碳水化合物的需求量反而不如耐力型選手多。

（一）碳水化合物

根據美國反禁藥管理局(U.S. Anti-Doping Agency, USADA)的建議，依據運動的訓練量，運動員所攝取的碳水化合物所占總熱量的比率不得少於 50%，一般理想值建議可占 60~70%。若依據體重來換算，則為每一磅體重需攝取 2.5~6 公克的碳水化合物；約是每一公斤體重需攝取 5.5~13.2 公克（1 公斤＝2.20462262 磅）。

表 9-2 運動員碳水化合物建議攝取計量

Weight in Pounds		Carbohydrates in Grams		Daily Carbohydrate Intake
160	×	2.5	=	400 grams
Now calculate your own needs. Remember to multiply your body weight by a higher number of carbohydrate grams for lengthier bouts of training. For example, an hour of training per day may indicate using 2.5 grams in your calculation, and training four or more hours per day may indicate using 6.0 grams.				
Weight in Pounds		Carbohydrates in Grams		Daily Carbohydrate Intake
	×		=	

資料來源： USADA(n.d.). *Carbohydrates – The Master Fuel.* Retrieved from http://www.usada.org/resources/nutrition/carbohydrates-the-master-fuel/

（二）蛋白質

蛋白質的攝取應兼顧脂肪含量的考量，盡量選擇低脂的豆、魚、蛋、肉以及奶類等多種類且優良的蛋白質。根據研究指出，雖然蛋白質是建構身體、修補組織的重要物質，但是就我們所知運動員對於蛋白質的攝取量，事實上是足夠的；甚至是超過身體的需要量。至於蛋白質攝取量的計算，則如下表：

1. 耐力型運動

   0.54~0.64 公克／每磅體重（約 1.2~1.4 公克／每公斤體重）。

2. 力量型運動（增加肌肉量）

   0.72~0.81 公克／每磅體重（約 1.6~1.8 公克／每公斤體重）。

🍳 表 9-3　蛋白質建議量

Type of Training	Grams(g) of Protein Recommended
Endurance	0.54~0.64 g of protein per pound of body weight
Strength (to gain muscle mass)	0.72~0.81 g of protein per pound of body weight
Strength (maintenance)	0.54~0.64 g of protein per pound of body weight
Weight Restricted	0.63~0.81 g of protein per pound of body weight

資料來源： USADA(n.d.). *Protein's Role as a Team Player*. Retrieved from http://www.usada.org/resources/nutrition/proteins-role-as-a-team-player/

3. 力量型運動（維持肌肉量）

　　0.54~0.64 公克／每磅體重（約 1.2~1.4 公克／每公斤體重）。

4. 重量阻抗運動型

　　0.63~0.81 公克／每磅體重（約 1.4~1.8 公克／每公斤體重）。

（三）脂質

　　雖然運動員的脂質攝取量有其應占的比率，在此我們需要多強調的是，有效地降低飽合脂肪與反式脂肪的攝取量，一方面有益於健康；另外則有利於運動控制理想的體重。此外，飲食中除了於烹飪過程中添加的油脂；例如大豆沙拉油、橄欖油、豬油等，與食物本身可見的油脂；例如畜、禽、魚類的油脂，還有許多潛藏於食品中的脂質，亦會在日常飲食中攝入；例如全脂牛乳、起司(cheese)、

優格、甜甜圈等。遑論平常人或運動員都應該避免這類食品，慎防
攝入過量脂肪影響運動表現與健康。

表 9-4　潛藏脂肪類食品其替代食品

Instead	Try
Whole milk	Skim milk
Cheddar, jack, or swiss cheese	Part-skim mozzarella, string or low-fat cottage cheese, other cheeses that contain less than 5 grams of fat per ounce
Ice cream	Ice milk or low-fat/nonfat frozen yogurt, 100% fruit frozen popsicles
Butter or margarine	Jam, yougurt, ricotta cheese, light sour cream, blender whipped cottage cheese dressing
Sour cream	Nonfat, plain yougurt, light sour cream, blender whipped cottage cheese dressing
Bacon	Canadian or turkey bacon
Ground beef	Extra lean ground beef or ground turkey(at least 95% lean)
Fried chicken	Baked chicken without the skin
Doughnuts and pastries	Bagels, whole-grain breads, homemade breads, low-fat muffins
Apple pie	Baked or raw apple
Cookies, cakes, or brownies	Vanilla wafers, ginger snaps, graham crackers, fig bars

資料來源： USADA(n.d.). *Dietary Fat.* Retrieved from http://www.usada.org/resources/nutrition/fat/

（四）維生素與礦物質

　　維生素與礦物質一類的微量營養素，雖然不能生成熱量以供身體活動所用，但是對於人體新陳代謝上卻是不可或缺的重要分子。此類營養素參與人體各項的酵素活動、平衡體液及能量補給等生化反應，擔任其中重要的觸媒角色；在維繫人體健康及疾病預防上，維生素及礦物質，是不可忽視的營養素。研究上並未發現此類微量營養素有助於運動表現，但是由於運動員的訓練與比賽等身體活動量較平常人超出甚多，所以在維生素與礦物質的補充上應超出常人的劑量(Nancy, R. R., 2010)。

二、肝醣超補法
(Glycogen Supercompensation)

　　醣類在體內主要以肝醣的形式儲存，運動過程中對於醣的利用則取決於運動的強度。體內肝醣的儲存量與運動前的飲食攝取有關，食物的成分將影響到肌肉中肝醣的儲存量，進而影響到運動時的運動能力。進行長時間耐力項目（如馬拉松）時，體內的糖分可提供約個半小時的能量(Jensen & Fisher, 1979)。因此，如果可以增加人體內的肝醣儲備，理論上就能夠促進耐力項目的表現。所謂肝醣超補法是利用攝食或攝食與運動配合提高肌肉中肝醣的量，以求運動能力進步的方法。肌肉中的肝醣含量越多，肌肉的作業能力則越強。

　　人體內肝醣的儲存量有限，主要存於肝臟與肌肉中，肌肉中的肝醣總量約為 250~400 公克，體液中的總葡萄糖量為 20~25 克；肝臟中肝醣的總量約 90~110 公克，肝中肝醣量雖不多，但其在能量代謝中的作用卻很重要。

一般來說，肝醣超補法有下列三種：

1. 單一攝食法

數天混合食物，接著 3~4 天高碳水化合物食物，不做激烈活動。此法可使肌肉肝醣增加 75%左右。

2. 運動與攝食法

運動消耗肝醣，接著 3~4 天高碳水化合物食物，不做激烈活動。此法可增加肌肉中肝醣 1 倍。

3. 運動與兩種攝食法

運動消耗肝醣，接著低碳水化合物 3 天，同時配合運動消耗肝醣，最後攝取高碳水化合物食物 3 天，同時讓身體休息。此法可增加肌中肝醣 2.5 倍。

肝醣超補法的考量會造成體內水分貯積。可能肌肉會產生僵直及沉重感且導致肌痙攣，提早疲勞。患有糖尿病、高血脂、腎病及心臟病的運動員不能貿然嘗試。

動動腦時間

7. 通常在運動與飲食調配，可簡單分為哪兩者？且一般而言，此兩種運動型態的族群，其食物的選擇應遵循何種原則？

   答

8. 蛋白質的攝取應兼顧_____含量的考量，盡量選擇_____的豆、魚、蛋、肉以及奶類等多種類且優良的蛋白質。

9. 醣類在體內主要以_____的形式儲存，運動過程中對於醣的利用則取決於_____。

10. 肝醣超補法有哪三種？

單元活動

1. 分組寫出六大營養素的分類與其食物來源。

2. 舉例六大類食物並具示圖片。

3. 分組個別寫出一日飲食，並對照是否符合衛福部國人飲食指標。

4. 分組討論日常生活中潛藏脂肪類食品以及替代食品。

課後複習

(　) 1. 一般而言，寡醣水解後能產生多少分子的單醣？　(A)1 (B)20　(C)20 以上　(D)2~10。

(　) 2. 膳食纖維(dietary fiber)也稱為　(A)非澱粉性多醣　(B)肝醣 (C)動物性澱粉　(D)以上皆非。

(　) 3. 肝醣(glycogen)係由葡萄糖結合而成，主要存在肝臟與肌肉，又稱為　(A)非澱粉性多醣　(B)肝醣　(C)動物性澱粉 (D)以上皆非。

(　) 4. 肝臟中的肝醣分解後可以葡萄糖的形式釋放，供給　(A)血液　(B)肌肉　(C)其他器官　(D)以上皆是　使用。

(　) 5. 肌肉中的肝醣分解後可以葡萄糖的形式釋放，供給　(A)血液　(B)肌肉　(C)其他器官　(D)以上皆是　使用。

(　) 6. 低密度脂蛋白膽固醇(LDL)的濃度不能超過多少　mg/dL？ (A)130　(B)90　(C)70　(D)100。

(　) 7. 依健康上要求高密度脂蛋白膽固醇(HDL)的濃度需要高於多少 mg/dL？　(A)30　(B)90　(C)50　(D)40。

(　) 8. 下列何者是水溶性維生素？　(A)vit A　(B)vit D　(C)vit E (D)葉酸。

(　) 9. 下列何者是脂溶性維生素？　(A)vit C　(B)vit K　(C)菸鹼酸　(D)葉酸。

(　) 10. 一個體重 60 公斤的人，一般的水分攝取建議量約為 (A)2500 cc　(B)1500 cc　(C)1900 cc　(D)以上皆非。

解答：

1.D　2.A　3.C　4.D　5.B　6.A　7.D　8.D　9.B　10.C

參考文獻

American Dietetic Association, Dietitians of Canada, et al. (2009). Nutrition and athletic performance . *American College of Sports Medicine*, *41*(3), 709-731.

Canadian Sugar Institute. (2002,September). *New Canada-US Dietary Reference Intakes on Macronutrients (Carbohydrate, Protein, Fat) Released.* Retrieved from http://www.sugar.ca/News/New-Canada-US-Dietary-Reference-Intakes-on-Macronu.aspx

Costill, D. L., & Miller, J. M. (1980). Nutrition for endurance sport: Carbohydrate and fluid balance. *International Journal of Sports Medicine*, 1, 2-14.

Dietitians of Canada. (n.d.). *Nutrition and Athletic Performance.* Retrieved from http://www.dietitians.ca/downloadable-content/public/noap-position-paper.aspx

Flynn, A ., & Connolly, J. F. (1989). Nutrition for Athletes. *Nutrition Bulletin*, *14*(3), 163-173.

Iowa State University. *Carbohydrate.* Retrieved from http://www.extension.iastate.edu/humansciences/content/carbohydrate

Nancy, R, R. (2010). *Nutrition and Athletic Performance.* Retrieved from http://www.medscape.com/viewarticle/717046_8

National Agricultural Library. (n.d.). *Dietary Reference Intakes: Electrolytes and Water.* Retrieved from http://www.iom.edu/Global/News%20Announcements/~/medi a/442A08B899F44DF9AAD083D86164C75B.ashx

Robergs, R. A., Pearson, D. R., & Costill, D. L., et al. (1991). Muscle glycogenolysis during differing intensities of weight-resistance exercise. *J Appl Physiol*, 70, 1700-1706.

Sport Nutrition: An Introduction to Energy Production and Performance. (2008)・*運動營養學*（施嘉美等譯）・臺北市：華騰文化。（原著出版於 2004）

U.S. Anti-Doping Agency. (n.d.). *Nutrition Guide.* Retrieved from http://www.usada.org/resources/nutrition/

巫錦霖、李寧遠等(2005)・*運動營養學*・臺北市：華香園。

食品藥物消費者知識服務網（2007，7 月 6 日）*食物與營養*・取自 https://consumer.fda.gov.tw/Pages/Detail.aspx?nodeID=73&pid =6190

食品藥物消費者知識服務網（2007，1 月 24 日）・*國民飲食指標手冊*・取自 http://consumer.fda.gov.tw

許美智等(2011)・*運動營養學*・臺中市：華都文化。

郭家驊等著(2006)・*運動營養學*・臺中市：華格那。

黃伯超、游素玲(2010)・*營養學精要*・臺北市：華香園。

詹貴惠等(2013)・*運動營養學*・臺北市：禾楓書局。

衛生福利部國民健康署・*107 年版國民飲食指標手冊*

謝明哲等(2012)・*實用營養學*（五版）・臺北市：華杏。

1. (1)非澱粉性多醣；(2)蔬菜；(3)水果；(4)全穀雜糧類；(5)細胞壁；(6)細胞間質。

2. (1)50；(2)22。

3. (1)3；(2)a.磷脂類；b.醣脂類；c.脂蛋白。

4. (1)對嬰兒未來一生健康具保護作用，可減少嬰兒感染風險，且降低其日後罹患過敏性疾病、肥胖以及癌症等慢性疾病之風險，亦可降低母親罹患乳癌之風險。（列舉兩項即算正確）；(2)6 個月。

5. 1.5~4 碗。

6. (1)鈣；(2)蛋白質；(3)維生素 B_2。

7. (1)保健運動及競技運動；(2)均衡、低油、低糖、低鹽、高纖。

8. (1)脂肪；(2)低脂。

9. (1)肝糖；(2)運動的強度。

10. (1)單一攝食法；(2)運動與攝食法；(3)運動與兩種攝食法。

第 **10** 章

自由基與抗氧化

Physical Fitness and
Health Promotion

　　人類自胎兒之後離開低氧的母體環境，從出生後吸第一口氧氣開始，氧氣量就增加 5 倍，體內游離自由基也會相對增加五倍。體內自由基的產生，大部分是來自於用以維持生命的氧氣；當所吸入的氧氣進入細胞後，會進行氧化作用以產生能量，用以維持生命現象。根據研究，平均每人每天約有 30 億次氧化作用，細胞進行氧化用的過程中，會使氧氣在體內運轉而進行新陳代謝，便產生帶著單數或不成對電子的自由基。

　　氧化作用對身體的危害，幾乎包含了人體各種損傷機制，加速個體衰老，甚至造成遺傳物質 DNA 的損害；一如自由基攻擊細胞膜、蛋白質與 DNA，造成細胞的損傷；一旦細胞受傷後，會有自動修補的功能，但細胞修補的過程中，若發生突變，讓細胞提早凋亡，會形成老化或疾病的發生，若細胞該死時未凋亡，則會異常增生，一來便造成癌症的形成。

　　自由基的生成可能在人體的任何部位，例如粒線體，它是細胞內氧化還原意即產生能量的主要位置，因為是進行氧化作用的地方，因此也是產生自由基的主要所在。

第一節　解讀自由基

　　細胞是由原子組成，每個原子都有個中心，任何的化學物都有不同層次的電子保護，就如同衛星圍繞著恆星一樣。通常電子是成對的，當原子或分子含有一個或多個不成對的電子時，就是自由基，簡單的說，自由基就是「帶有一個單獨不成對電子的原子、分子、或離子」。

　　由於自由基(free radicals)是帶有一個不成對電子的原子、分子、或離子，極易與其他分子作用，以搶奪其他分子的電子，使自己原本不成對的電子轉而成對，變成較穩定的分子；此時失去電子的分子會因此成為另一個不穩定的分子，再去搶奪其他分子的電子，於是產生一連串的連鎖反應。

　　生物體內常見的自由基為含氧的自由基(oxygen-containing free radicals)，包括過氧化物或超氧化物的分子；例如過氧化物(superoxide, O_2^-)、過氧化氫(hydrogen peroxide, H_2O_2)和羥基自由基(hydroxyl radicals, OH^-)等，此類帶有不穩定電子的含氧自由基，又稱為活性氧分子(reactive oxygen species, ROS)，活性氧會經過生物性及環境因子而產生，並且經由連鎖反應形成更多的自由基。

　　自由基是氧在體內新陳代謝後所產生的物質，它的活性極強，可與其他物質發生強烈的反應。在正常生理情況下，人體若遇細菌、黴菌、病毒或其他外來異物等侵入時，體內的防禦系統遂啟動以促吞噬細胞對抗侵入物質；吞噬細胞經由相關酵素的催化，即產生超氧陰離子自由基(superoxide anion radical)，以消滅細菌、病毒及其他受感染細胞；換言之，體內必須具備一定量的自由基作為預防與抵抗疾病的武器。正常情況下，人體內能夠自動清除多餘的自由基，使體內自由基的數量維持在一種平衡狀態；倘若再加上環境的汙染，例如輻射線或紫外線、吸菸、農藥、重金屬物質、空氣汙染物等侵入，甚至心理壓力、生活不正常、熬夜焦慮等狀況，使得體內自由基的生成量大增；一旦體內自由基的數量超過人體正常防禦的範圍，就會產生「自由基連鎖反應」，導致蛋白質、核苷酸、脂肪的代謝異常。細胞產生突變而引起疾病侵害細胞的正常生理機能，導致各種疾病的發生，加速人體老化、引起疾病以及侵害細胞的正常生理機能，甚至基因突變引起癌症。不斷的惡性循環下，身體的各項功能即逐漸衰退與受損，引致各種疾病生成。

一、自由基的生成

　　自由基是人體進行正常新陳代謝過程中的副產品，誠如上述，平均每消耗 100 個氧分子，就會產生一個游離自由基；自由基的產生，可分為內因性及外因性；在能量代謝過程中，使氧與氫結合成水，在電子傳遞鏈的各階段步驟，都可能會遺漏掉部分的電子，使得大約有 2%~5%的氧會形成自由基。粒線體乃是人體細胞內進行氧化作用主要位置，所以也是產生內生性自由基的主要地點。此外，當身體為了防禦入侵的外來病菌，一旦病毒細菌進入人體，白血球就會利用自由基進行吞噬作用，因此當身體有發炎症狀的時候，體內便產生大量的自由基。

　　至於外因性的生成則是因為外界的誘發因子，如輻射、紫外線、電磁波、二手菸等。另外，現代社會的生活壓力、急躁、焦慮、鬱悶、緊張等精神壓力亦是自由基的來源。在日常生活中，在加熱、燃燒、日照、發動引擎或烹調，再加上吸菸、酗酒等個人不良嗜好及濫用化學物質等，都是產生自由基的原因。

　　自由基的產生來源主要有以下幾種：

（一）體內的生物合成作用(Biosynthesis)

　　人體能從精胺酸藉由一氧化氮合成酶製造一氧化氮(NO)；因為一氧化氮帶有不配對的電子，所以穩定性低，能殺菌滅毒具有免疫能力，它與人體神經及免疫系統的運作有極重要的關係，但大量的一氧化氮則會引起免疫系統失調而致病。

（二）人體新陳代謝作用(Metabolism)的產物

　　細胞內的粒線體進行氧化作用而產生；人體產生的自由基主要有羥基自由基(hydroxyl radicals)和超氧化物自由基(super-oxide anion radical)，以及過氧化氫(hydrogen peroxide)－俗稱雙氧水，雖然本身

不是自由基，但是如果受到紫外線光激發或者二價鐵離子的催化，就會產生羥基自由基。這種氧自由基都非常不穩定及活躍，殺傷力大，對細胞膜、蛋白質、脂質（尤其是非飽和脂肪酸）及遺傳因子 DNA 造成損害。此外，熬夜、焦慮、生活不正常和心理壓力也會產生。

（三）外來物質侵入

此類乃是因為外來環境物質侵入或是飲食攝取造成，如油炸食物、精製加工食品、過量飲酒、人工色素、防腐劑及芳香劑、紫外線、X 光、電磁波等、空氣及水質的汙染，農藥、防腐劑或某些藥物也會造成。另外，例如燒焦的肉類（氧化作用），也會在體內形成自由基，可能引起癌症，或接觸汙染環境，如酸雨、吸菸、清潔劑、除草劑、殺蟲劑、冷媒、放射線、紫外線及噪音等，或手機、電磁爐及微波爐等的磁場，還包括水汙染和空氣汙染等，都會經由消化與呼吸系統或皮膚接觸後進入人體產生大量自由基。

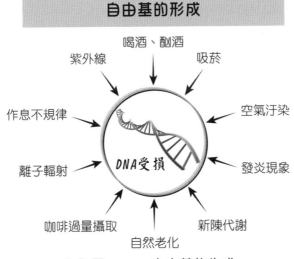

圖 10-1　自由基的生成

資料來源：THE FOOD ADVICECENTRE. (n.d.). *Free Radicals.* Retrieved from http://www.thefoodadvicecentre.co.uk/reference/free-radicals/

二、自由基的分類

（一）超氧化自由基(Super-Oxide Anion Radical, O_2^-)

主要產生於粒線體進行電子傳遞鏈所在之處，當細胞進行呼吸作用以產生 ATP，部分電子於電子傳遞過程中遺漏，與氧結合而產生超氧化物；是人體中最多的一種自由基，同時會誘發其他自由基的生成。

（二）羥基自由基(Hydroxyl Radicals, OH^-)

羥基自由基的活性很強，對細胞的傷害性最大，主要是因為過氧化氫的代謝以及各式輻射線而生成。羥基自由基會攻擊細胞膜造成細胞的死亡；主要受到金屬離子的控制，來源是過氧化氫(H_2O_2)被亞鐵離子(Fe^{2+})催化而產生。

（三）過氧化氫(Hydrogen Peroxide, H_2O_2)

亦稱為雙氧水，是屬於活性較小的自由基，由超氧化物自由基代謝後產生，也有可能是由身體其他的吞噬細胞經氧化還原作用後而產生。

（四）單線態氧(Singlet Oxygen, $1O_2$)

單線態氧雖不是自由基，但因解除了自旋限制所以反應活性遠比普通氧高；所以含有較高的能量且性質活潑，是激發態氧，容易破壞細胞。

（五）脂質過氧化物(Lipid Peroxide, LOO^-)

自由基破壞脂質之後的產物，有很強的氧化能力，對於細胞具有毒性。

三、自由基與疾病

當體內存在與生成大量的自由基時，自由基會傷害細胞的遺傳因子 DNA；破壞不飽和脂肪酸，引起脂質過氧化作用；破壞蛋白質分子；氧化體內酵素，干擾其活性；刺激單核白血球及巨噬細胞的不正常反應，引起發炎反應；對心臟及血管造成傷害；導致細胞的變異與死亡，造成人體的老化現象，以及直接撞擊細胞核使基因發生突變產生癌細胞等。

（一）自由基與心血管疾病

低密度脂蛋白(low-density lipoprotein, LDL)很容易被自由基氧化，被氧化的 LDL 經過變異，形成所謂泡沫細胞附著於血管壁，換言之，真正形成動脈粥狀硬化的是被自由基氧化的 LDL。此外，自由基對器官的傷害發生在缺血的時候，當血液再度灌流時，會使氧氣突然大增，導致大量的自由基產生；另一方面，為了要清理因缺氧而壞死的組織，體內會產生大量的白血球來做善後的工作，白血球清理的方法就是製造更多的自由基，因而對組織造成更進一步的傷害。

（二）自由基與癌症

癌症(cancer)起始於細胞的突變，體內大量細胞的癌化變異即是「基因突變」或「基因功能失調」的結果。自由基作用於脂質產生的過氧化產物既能致癌又能致突變，自由基大肆破壞 DNA 的結構，造成 DNA 的突變與破壞正常的細胞結構，使之變成不正常的細胞，這就是癌細胞；癌細胞不斷分裂繁殖造成腫瘤，最後惡化變成癌症。

（三）自由基與糖尿病

胰臟中的 β 細胞會分泌胰島素，幫助血液中的葡萄糖進入細胞中，並轉換成身體組織所需的能量，或將多餘的糖分儲藏在肝、肌肉或脂肪細胞中。自由基會破壞 β 細胞而使胰島素分泌不足，此外自由基也是造成胰島素阻抗的原因；一旦胰島素分泌量不足，或細胞與身體組織對胰島素的阻抗能力(insulin resistance)過大，使得葡萄糖無法進入細胞與身體組織，糖分進不了細胞組織而存留在血液中，促使血糖升高；同時，當胰島素阻抗發生時，血糖無法進入細胞，會導致血糖過高最終引發糖尿病。

（四）自由基與老化

由於自由基會傷害 DNA、蛋白質、脂質等，身體經常性的損傷和修補不完全造成 DNA 壽命的縮短以及造成細胞死亡；雖然身體會有自行修復及抗氧化的功能，但遭受攻擊的時間過久過長，導致修復功能不及，身體的器官和組織便會失去功能與產生病變，遂呈現機能老化的現象。

（五）自由基與腦部退化

一般熟知的阿茲海默氏症(Alzheimer's disease)與巴金森氏症(Parkinson's disease)都是腦部退化的病症；阿茲海默氏症係由於大腦皮質層的老年斑塊(senile plaques)形成而導致，老年斑塊主要是由澱粉樣 β 胜肽(amyloid-β peptide)所組成，自由基則是會使得澱粉樣 β 胜肽大量沉積，加速阿茲海默氏症的發展。

多巴胺(dopamine)是和運動有關的神經傳導物質，缺乏多巴胺會造成手部不自主顫抖，肌肉麻痺動作遲緩等臨床症狀；巴金森氏症，乃是由於自由基破壞腦部黑質，使得多巴胺分泌減少所致。

動動腦時間

1. 生物體內常見的自由基為含氧的自由基(oxygen-containing free radicals)，包括＿＿＿＿＿＿或＿＿＿＿＿＿的分子。

2. 一旦體內自由基的數量超過人體正常防禦的範圍，就會產生＿＿＿＿＿＿＿＿，導致＿＿＿＿＿、＿＿＿＿＿、＿＿＿＿＿的代謝異常。

3. 會造成自由基的生成有諸多原因，請列舉課文中提及兩項生成自由基的原因。

   答

4. 哪一病症即是因為自由基破壞腦部黑質後造成多巴胺分泌不足造成的？

   答

5. 當自由基使得澱粉樣 β 胜肽大量沉積，會加速哪一病症的發展？

   答

第二節　抗氧化生活

　　瞭解自由基帶來的傷害後，醫、藥與營養專業界針對抗氧化的努力，投注極大的興趣和盼望，透過各種研究與管道積極的尋找幫助抗氧化的物質，以達成對抗老化和疾病的目標。

　　人體內有數種自行製造的抗氧化酶，是人體對抗自由基的第一道防線，它們可以在過氧化物產生時，利用氧化還原作用將過氧化物轉換為毒害較低或無害的物質。身體對抗自由基的第一道防線，存在於細胞膜內外的強效抗氧化酵素，大大地幫助身體降低過度氧化及發炎的危險，而過度氧化及發炎正是引起動脈硬化、關節炎，認知功能障礙，以及其他老化相關疾病發生的主要原因。

一、人體自行製造的抗氧化物質

　　人體內自行製造的抗氧化物有超氧化歧化酶(superoxide dismutase, SOD)、過氧化氫酶(catalase)及穀胱甘肽過氧化酶(glutathione peroxidase, GSH-Px)等，這些酵素（酶）主要功能在細胞內作用促使活性氧分子(ROS)還原，防止體內細胞遭受 ROS 攻擊；抗氧化酶具有清除 ROS 與切斷連鎖反應之功能，能使 ROS 被還原，而抗氧化劑本身則被氧化成為相對穩定的自由基，此類穩定的自由基將不會繼續產生連鎖反應，使得生物分子遭受氧化性衝擊的傷害減低。

　　SOD 會促使超氧陰離子轉化成過氧化氫，以消除超氧陰離子；而過氧化氫會再經由 catalase 或 GSH-Px 還原成水和氧；另外 GSH-Px 會還原脂質過氧化物成為無毒害的產物。

♡♡ 二、飲食中存在的抗氧化物質

除了體內製造的酵素（酶）SOD、catalase、GSH-Px 之外，在自然的飲食中被稱為三大抗氧化物質的有維生素 C、維生素 E 和 β 胡蘿蔔素，需藉由飲食中攝取補充。另外，還有許多天然植物中存在的抗氧化物質，也需要經由飲食取得。

（一）維生素 C

又名抗壞血酸，是水溶性維生素。維生素 C 與羥基自由基作用，然後產生不活躍的自由基產物，再經由代謝作用變成草酸而排出體外。一般存於深綠、深黃色蔬菜及水果中；如芭樂、柑橘類、番茄等。

（二）維生素 E

維生素 E 主要分布在細胞膜表面的磷脂質及血液中的脂蛋白和腎上腺中，是一種脂溶性維生素；可以保護各類細胞的細胞膜不受傷害，維持正常功能；也是保護富含脂質的組織，免受自由基的侵害。主要食物來源有穀類、米糠油、小麥胚芽油、棉子油、綠葉蔬菜、蛋黃、堅果類。

（三）β 胡蘿蔔素

β 胡蘿蔔素是維生素 A 的前驅物質，具有良好的抗氧化作用，可與脂質過氧化物結合，中斷脂質過氧化自由基的連鎖反應。主要食物來源是深綠、黃色的蔬菜如胡蘿蔔、木瓜和藻類。

（四）番茄紅素(Lycopene)

簡稱茄紅素，茄紅素能夠消除自由基，防止自由基對人體細胞造成的損害，同時也可以修補受損的細胞。食物來源為紅色番茄、紅葡萄柚、紅西瓜、木瓜、李子等。

（五）原花青素(Oligomeric Proanthocyanidins, OPC)

是植物中一種色素成分，廣泛存在於不同種類的植物中，是屬於生物類黃酮的一種。原花青素能夠保護人體遺傳物質 DNA，免除自由基對遺傳物質的破壞，間接減低導致癌症、腫瘤的機會。一般存在於葡萄籽、藍莓、小紅莓、松樹皮及夏威夷果等，其中葡萄籽及松樹皮的原花青素含量更是所有之冠。

（六）花青素(Anthocyanin)

花青素屬於多酚類，是一種強力的抗氧化劑，可以對抗自由基；花青素會利用磷脂質去補強上皮細胞，達到增強微血管內壁的作用；另一方面，它會促進膠原質的合成，來強化微血管外壁，降低血液外滲。主要食物來源有葡萄、桑椹、茄子、紫米、櫻桃、藍莓等帶有紫色或深紫色的水果與蔬菜。

（七）白藜蘆醇(Resveratrol)

主要存在於葡萄皮、紅酒、花生和莓果類中，另外許多植物都含有大量的白藜蘆醇。白藜蘆醇能夠阻止低密度脂蛋白的氧化，因而具有預防心血管疾病、防癌、抗病毒及免疫調節作用；研究發現白藜蘆醇可以防止細胞癌變並阻止惡性腫瘤擴散以及可抑制細胞發炎。

（八）兒茶素(Catechin)

兒茶素中含有的游離 EGCG (epigallocatechin-3-gallate)，最具生物活性，可抗氧化、預防慢性心血管疾病、抗癌；並且可以提高清除自由基的能力，可降低脂質氧化、抑制血糖上升、抗發炎等。綠茶屬於未發酵茶，其兒茶素含量是各種茶類中含量最高的。

（九）大豆異黃酮(Soy Isoflavones)

大豆異黃酮具有抗氧化特性，可清除體內的自由基，減少細胞病變等；同時可防止低密度脂蛋白(LDL)的氧化，具有減緩血管中粥狀硬化斑塊形成的作用，進而能預防動脈硬化或冠狀動脈相關疾病。黃豆食品是大豆異黃酮的主要食物來源。

（十）有機硫化物(Organosulfur Compounds)

有機硫化合物是指分子結構中含有元素硫的植物化學物質，他們以不同的化學形式存在於蔬菜或水果中；是強大的抗氧化劑與解毒劑，能夠協助將重金屬排出體外；身體受傷的時候，有機硫會促進受傷部位的循環；有機硫在消化道中也有防腐和清潔效用，能同時幫助肝功能並促進新陳代謝，防止毒素累積。食物來源為十字花科如高麗菜、花椰菜、芥藍菜、蘿蔔、大蒜、洋蔥等都含有豐富有機硫化物。

三、抗氧化生活型態

進行抗氧化生活必須要多管道進行，雖然自體可以製造抗氧化酶來清除自由基，又或是利用攝食相關食品來補充抗氧化物質，其原理都是欲減輕自由基所造成的氧化壓力為主。但若能建立一個減少產生自由基與提高抗氧化力的生活型態，才更是吾人迫切需要

的；然而，欲達成此目的的真正方法就是必須於個人及團體飲食、環境、起居、運動與習慣的修正上著手，如此才能真正達成邁向抗氧化的生活，獲取減除自由基的健康人生。

（一）充足的睡眠、不熬夜

每天睡足 7 小時，同時避免熬夜的生活。

（二）不吸菸、適量的酒精

菸害物質會大量誘發自由基的產生，傷害身體；飲酒亦應適量。

（三）適度的運動

運動的益處很多，對於生理與心理的健康皆有其功效，尤其是適度的從事有氧運動，更是有利身心健康。

（四）避免紫外線與其他放射線傷害

避免暴露在紫外線或其他放射線存在的環境中，減少自由基的生成。

（五）遠離空氣汙染源與做好防護

汽、機車與工廠排放的空氣汙染物質，是產生自由基的極大來源；一方面必須遠離汙染源，再者口罩、面罩（具）等防護配備也是不可或缺的保護。

（六）減少高熱量與高溫烹煮的食物

高熱量食物與油炸、燒烤、煙燻等高溫處理過的食物，富含大量的自由基，是我們必須避免且需減少攝取的食物；取而代之較低熱量與水煮烹調的食物，是較佳的選擇。

（七）拒絕加工食品

加工食品中有許多有害人體的添加物質，這些化學性的傷害即是自由基生成所致。

（八）維持理想體重

自由基和肥胖互為因果，減少高熱量與高脂肪飲食，控制並維持理想體重，降低胰島素抗性，同時避免身體處在慢性發炎狀態中。是故，維持理想體重，做好身體組成管理也是抗氧化的重要功課。

（九）盡量攝取富含抗氧化物質的食物

前文提到許多含有大量抗氧化物質的食物，例如番茄、紅葡萄柚、紅西瓜、木瓜、十字花科如高麗菜、花椰菜、芥藍菜、蘿蔔、大蒜、洋蔥等，都是有益於身體抗氧化的食物，應該盡量多攝取。

（十）保持愉悅的心情

心理因素也是產生自由基的一種途徑，焦慮、緊張、憂鬱等情緒，都會引致自由基的產生，所以減除壓力、釋放情緒與保持愉悅的狀態，也是抗氧化的好方法。

動動腦時間

6. 過度氧化及發炎正是引起＿＿＿＿＿，＿＿＿＿＿，＿＿＿＿＿，以及其他老化相關疾病發生的主要原因。

7. 自然的飲食中被稱為三大抗氧化物質為何？且需由何種方式補充？

答

8. 原花青素(OPC)是植物中一種色素成分，可保護人體的遺傳物質 DNA 免除自由基對遺傳物質的破壞，請問課文中提及何種植物的產物含量最多？

答

9. 進行抗氧化生活必須要＿＿＿＿＿，雖然自體可以製造＿＿＿＿＿來清除自由基，或是經由＿＿＿＿＿來補充抗氧化物質，原則上都是以減輕自由基所造成的氧化壓力為主。

10. 身體受傷的時候，有機硫會促進＿＿＿＿＿的循環；有機硫在消化道中也有＿＿＿＿＿和＿＿＿＿＿效用，能同時幫助肝功能並促進新陳代謝，防止毒素累積。

單元活動

1. 依自由基生成圖，討論並列出個別的自由基潛在生成危險。

2. 探討自由基與疾病的關係。

3. 分組列出日常飲食中的抗氧化食物，並檢視個別飲食內容的聯結。

4. 各組設計出一式抗氧化生活型態。

( )1. 人體產生自由基的主要所在為　(A)細胞核　(B)粒線體　(C)染色體　(D)以上皆是。

( )2. 何者會大量產生自由基？　(A)吸菸　(B)空汙　(C)重金屬攝取　(D)以上皆是。

( )3. 自由基與糖尿病的關係，是因為自由基會破壞蘭氏小島上的　(A)α　(B)β　(C)γ　(D)δ　細胞所造成。

( )4. 自然的飲食中存在的抗氧化物質的有　(A)vit C　(B)vit E　(C)β胡蘿蔔素　(D)以上皆是。

( )5. 食物中十字花科都含有豐富有機硫化物協助抗氧化，例如(A)花椰菜　(B)九層塔　(C)青蔥　(D)以上皆非。

⊕解答：

1.B　　2.D　　3.B　　4.D　　5.A

📓✐ 參考文獻

Bunker, V. W. (1992). Free radicals, antioxidants and ageing. *Medical Laboratory Sciences. 49*(4), 299-312.

Chapple, I. L. C. (1997). Reactive oxygen species and antioxidants in inflammatory diseases. *Journal of Clinical Periodontology, 24*(5), 287-296.

Gutteridge, J. M. (1994). Antioxidants, nutritional supplements and life-threatening diseases. *British Journal of Biomedical Science, 51*(3), 288-295.

Halliwell, B. (1997). Antioxidants and Human Disease: A General Introduction. *Nutrition Reviews, 55*(1), 44-49.

Kanter, M. M. (1994). Free radicals, exercise, and antioxidant supplementation. *International Journal of Sport Nutrition, 4*(3), 205-220.

Maritim, A. C., Sanders, R. A., & Watkins, J. B. 3rd. (2003). Diabetes, oxidative stress, and antioxidants. *Journal of Biochemical and Molecular Toxicology, 17*(1), 24-38.

The Antioxidant Miracle: Put Lipoic Acid, Pycnogenol, and Vitamins E and C to Work for You. (2013)・*抗氧化物的奇蹟*（修訂版）（陳芳智譯）・新北市：原水文化。（原著出版於1999）

THE FOOD ADVICECENTRE. (n.d.). *Free Radicals*. Retrieved from http://www.thefoodadvicecentre.co.uk/reference/free-radicals/

沈馨仙等(2010)．抗氧化劑及常見之抗氧化活性評估方法．*藥學雜誌*，*26*(2)，132-137。

林柔杏(2012)．*青蔥及蔥屬硫化物抗突變及抗氧化酵素之作用*．嘉南藥理科技大學生物科技系暨研究所碩士論文，臺南市：嘉南藥理科技大學。

翁玉青(2011)．*抗氧化的威力*．臺中市：沐康健康管理。

梁俊煌(2006)．運動訓練對人體體內自由基產生及抗氧化酵素之影響．*嘉南學報*，32，433-442。

郭婕、李寧遠(2007)．氧化壓力的因應之道．*科學發展*，411，40-45。

陳芳智(2013)．*抗氧化物的奇蹟*．臺北市：原水文化。

陳惠英、顏國欽(1998)．自由基、抗氧化防禦與人體健康．*中華民國營養學會雜誌*，*23*(1)，105-121。

楊新玲(2010)．神奇的天然營養素白藜蘆醇．*中國醫訊*，89，59-63。

蔡欽仁(2005)．淺談危害人體健康的元兇——自由基．*臺灣醫界*，*48*(3)，11-13。

黎孝韻、曾國慶(2008)．自由基及抗氧化物功能的探討．*藥學雜誌*，*24*(2)，95-103。

魏耀揮等(2013)．*自由基生物醫學*．新北市：藝軒圖書。

動動腦解答

1. (1)過氧化物；(2)超氧化物。

2. (1)自由基連鎖反應；(2)蛋白質；(3)核苷酸；(4)脂肪。

3. 日常生活中，在加熱、燃燒、日照、發動引擎或烹調，再加上吸菸、酗酒等個人不良嗜好及濫用化學物質等，都是產生自由基的原因（列舉兩項符合即算正確）。

4. 巴金森氏症。

5. 阿茲海默氏症。

6. (1)動脈硬化；(2)關節炎；(3)認知功能障礙。

7. (1)維生素 C、維生素 E 和 β 胡蘿蔔素；(2)飲食中攝取。

8. 葡萄籽及松樹皮。

9. (1)多管道進行；(2)抗氧化酶；(3)攝食。

10. (1)受傷部位；(2)防腐；(3)清潔。

Physical Fitness and
Health Promotion

 **MEMO**

Physical Fitness and
Health Promotion

國家圖書館出版品預行編目資料

健康體適能與促進／張耿介編著. -- 二版. -- 新北市：
新文京開發, 2020.06
　　面；　公分

　ISBN　978-986-430-631-2（平裝）

　1.體適能　2.健康法

528.9016　　　　　　　　　　　　　　　　109008201

健康體適能與促進（第二版）　　　　　（書號：B391e2）

編　著　者	張耿介	
出　版　者	新文京開發出版股份有限公司	
地　　　址	新北市中和區中山路二段 362 號 9 樓	
電　　　話	(02) 2244-8188（代表號）	
F　A　X	(02) 2244-8189	
郵　　　撥	1958730-2	
初　　　版	西元 2015 年 01 月 02 日	
二　　　版	西元 2020 年 07 月 01 日	

New Wun Ching Developmental Publishing Co., Ltd.

New Age · New Choice · The Best Selected Educational Publications — NEW WCDP